아하! 한국어 5

A-ha! Korean

Student's Book

숙명여자대학교 한국어교재위원회

● **김경령**
University of Illinois at Urbana Champaign, Ph. D
숙명여자대학교 한국어문학부 교수
국제언어교육원 한국어교육센터장

● **이홍식**
서울대학교 국어국문학 문학 박사
숙명여자대학교 한국어문학부 교수

● **문금현**
서울대학교 국어국문학 문학 박사
숙명여자대학교 한국어문학부 교수

● **이소영**
숙명여자대학교 한국어문학부 문학 박사
국제언어교육원 한국어교육센터 객원교수

● **엄소연**
숙명여자대학교 한국어문학부 문학 박사 수료
국제언어교육원 한국어교육센터 책임강사

● **오미나**
숙명여자대학교 한국어문학부 문학 박사 수료
국제언어교육원 한국어교육센터 책임강사

● **박재남**
숙명여자대학교 한국어문학부 문학 박사 수료
국제언어교육원 한국어교육센터 책임강사

● **Richard Dubois**
숙명여자대학교 영어영문학부 강의 교수

〈연구보조원〉
박참희 · 이세훈 · 최혜민

● **표지 그림과 삽화: 정효정**

아하! 한국어 5
(Student's Book, Work Book, CD)

지은이 숙명여자대학교 한국어교재위원회
펴낸이 조경희
펴낸곳 경문사
펴낸날 2017년 1월 15일
등 록 1979년 11월 9일 제313-1979-23호
주 소 04057, 서울특별시 마포구 와우산로 174
전 화 (02)332-2004 팩스 (02)336-5193
이메일 kyungmoon@kyungmoon.com

값 25,000원

ISBN 978-89-6105-989-3
ISBN 978-89-6105-498-0(세트)

아하! 한국어 5

A-ha! Korean

Student's Book

숙명여자대학교 한국어교재위원회

KM 경문사

머리말

아하! 한국어는 숙명여자대학교에서 개발한 한국어 교재 시리즈로 한국어를 배우고자 하는 성인 학습자를 대상으로 한국어 표현 능력과 이해 능력을 증진시키는 것에 목표를 두고 개발하였다.

아하! 한국어는 한국어 교육의 가장 기본이 되는 '한글' 습득 단계 교재를 시작으로 5권의 주교재와 이에 따른 5권의 보조 교재, 듣기와 말하기 기능을 보조하는 CD, 각각의 텍스트에서 소개되는 단어를 정리한 단어장 그리고 교사지침서 등으로 구성되었다. 주교재에서는 주제 중심으로 단원을 구성하였고 각각의 대화문은 실생활에서 쉽게 접할 수 있는 상황 및 기능이 제시되었다. 다양한 방법으로 문형 연습을 할 수 있도록 지문을 구성하였고 보조 교재를 통해 학습자가 스스로 배운 문형과 어휘를 점검하고 복습할 수 있도록 하였다. 단원마다 새로 소개되는 어휘의 뜻을 수시로 빠르게 점검할 수 있도록 지면 구성의 효율성에 힘썼다. 또한 교사지침서를 제작하여 본 교재를 좀더 체계적으로 교사가 사용할 수 있도록 한국어 발음, 문법, 어휘, 교수법 등에 대한 자세한 내용을 수록하였다. 무엇보다도 본 교재의 특징은 언어 교수 이론에 근거한 효율적인 교수법들이 내용 전반에 깔려 있어 한국어를 쉽게 이해하고 습득할 수 있도록 한 점이다.

본 교재는 외국인 학습자를 대상으로 다년간 한국어를 강의한 교육 경험이 풍부한 전문 한국어 교사진과 국어학 및 언어 교수 이론에서 전문성을 확보하고 있는 연구진의 공동 작업으로 완성되었다. 오랜 기간에 걸쳐 집필 및 출판 과정에 헌신적으로 참여해 준 한국어 교사진과 연구진, 기획과 출판 과정에서 적극적으로 협조를 해 주신 경문사 조경희 사장님께 감사를 드린다.

특별히 숙명한국어 교재가 출간될 수 있도록 아낌없는 지원을 해 주신 총장님과 도움의 말씀을 주신 한국어문학부 교수님들께 감사를 드린다.

김경령

단원구성

	주제	문법	어휘	활동
1과	인상과 느낌	-은 김에 -던데요 -다가 보니까	첫인상 관련 어휘 및 표현	첫인상의 중요성에 대한 자신의 생각 말하기
2과	말의 힘	-은 셈 치다 -기 름이다 -기란 쉽지 않다 -는 한 -을 수 없다	조언하기와 관련된 어휘 및 표현	고민 듣고 조언하기
3과	찬성과 반대	-기는요 -기는 -은데 굳이 -다면	찬성하거나 반대할 때 사용하는 어휘 및 표현	주제에 대해 찬성하거나 반대하기
4과	통계와 그래프	-은 경향이 있다 -은 것은 말할 것도 없고 -다든가/-기에	통계 관련 어휘 및 표현	설문 조사하고 발표하기
5과	생활의 지혜	-기는 하지만 -기도 하다 -거나 -거나하면 -(으)ㄴ/는 만큼/ -더니	제품 설명서 관련 어휘	제품 설명서 읽고 사용 방법 설명하기
6과	풍습과 축제	-지도 -지도 않다 -자면/-기만 하면 -기보다는	경조사 관련 어휘 및 표현	참가해 본 축제 소개하기

	주제	문법	어휘	활동
7과	삶과 죽음	-와/과 다르게 -을 수도 있다 -을지라도 -은게 분명하다 -은데도 불구하고	토론할 때 사용하는 어휘 및 표현	주제 토론하기
8과	속담과 표현	-는 바와 같이 -아/어/여서 그런지 -(으)려니 생각하다 -을 무릅쓰고	속담 익히기	속담 비교하여 말하기
9과	한국의 문학	-은 채로 -고도 남다 -고도	의성어와 의태어	시 쓰기
10과	비유의 표현	-는 둥 마는 둥 하다 -은/는 셈이다 -은/는/을 듯싶다	비유 표현	광고 문구 만들기
11과	신문과 뉴스	-을 법하다 -다고요? -을래야 을 수 없다	시사 용어	기사문 쓰기
12과	취업과 면접	-어 내다 -고 보니까 -긴 다 틀렸다	면접 관련 어휘 및 표현	면접하기

일러두기

아하!한국어 STUDENT BOOK 5는 한국어의 고급 단계를 시작하는 학습자를 대상으로 한 한국어 교재로 일상적인 생활뿐만 아니라 사회생활에 필요한 내용을 중심으로 구성한 통합교재이다. 사회적 · 추상적 주제에 대한 다양한 표현과 읽기 자료를 통해 의사소통 능력을 기르는 데 본 교재의 목표를 두었다.

전체 12과로 이루어져 있으며, 각 과는 말하기, 대화, 어휘 확장, 읽기1,2, 의사소통 활동, 문형으로 구성되었다. 과가 시작될 때마다 해당 과의 말하기, 읽기, 문형을 요약해 두었다. 대화에는 기자재를 사용하여 들을 수 있도록 CD 표시가 되어 있다.

말하기 / 듣기

'말하기'는 각 과의 도입에 해당되는 부분으로 주제와 관련된 이야기를 하도록 그림과 함께 질문을 제시하였다. 주제 관련 질문을 통해 해당 과의 주제 학습을 준비하는 데 도움을 주도록 하였다. '듣기'는 대화 내용에 대한 질문을 제시하여 듣기 학습으로 활용할 수 있도록 하였다.

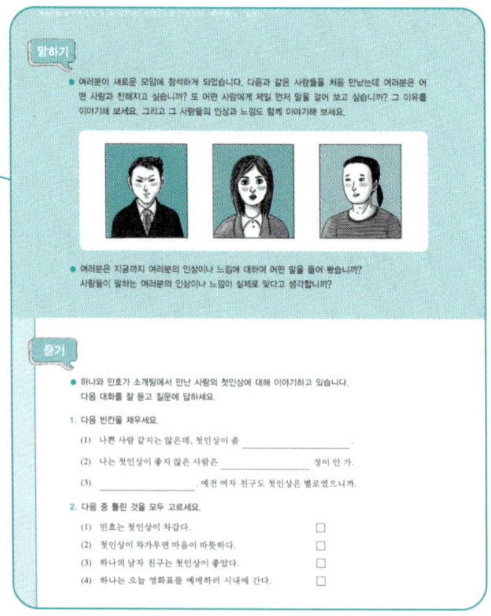

말하기

● 여러분이 새로운 모임에 참석하게 되었습니다. 다음과 같은 사람들을 처음 만났는데 여러분은 어떤 사람과 친해지고 싶습니까? 또 어떤 사람에게 제일 먼저 말을 걸어 보고 싶습니까? 그 이유를 이야기해 보세요. 그리고 그 사람들의 인상과 느낌도 함께 이야기해 보세요.

● 여러분은 지금까지 여러분의 인상이나 느낌에 대하여 어떤 말을 들어 봤습니까? 사람들이 말하는 여러분의 인상이나 느낌이 실제로 맞다고 생각합니까?

듣기

● 하나와 민호가 소개팅에서 만난 사람의 첫인상에 대해 이야기하고 있습니다. 다음 대화를 잘 듣고 질문에 답하세요.

1. 다음 빈칸을 채우세요.
   (1) 나쁜 사람 같지는 않은데, 첫인상이 좀 ________.
   (2) 나는 첫인상이 좋지 않은 사람은 ________ 정이 안 가.
   (3) ________. 예전 여자 친구도 첫인상은 별로였으니까.
2. 다음 중 틀린 것을 모두 고르세요.
   (1) 민호는 첫인상이 차갑다. ☐
   (2) 첫인상이 차가우면 마음이 따뜻하다. ☐
   (3) 하나의 남자 친구는 첫인상이 좋았다. ☐
   (4) 하나는 오늘 영화표를 예매하러 시내에 간다. ☐

대화

각 과의 주제에 맞는 내용의 대화를 마련하였다. 새 단어 항목은 대화에 나오는 새로운 단어를 제시하여 대화 이해를 돕도록 하였다.

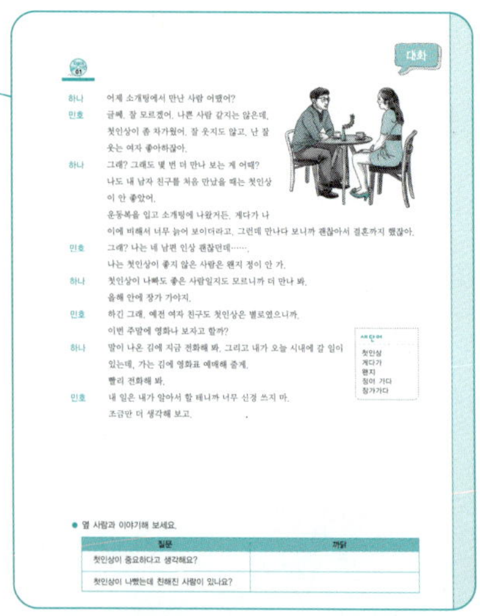

대화

하나 어제 소개팅에서 만난 사람 어땠어?
민호 글쎄, 잘 모르겠어. 나쁜 사람 같지는 않은데, 첫인상이 좀 차가웠어. 잘 웃지도 않고, 난 잘 웃는 여자 좋아하잖아.
하나 그래? 그래도 몇 번 더 만나 보는 게 어때? 나도 내 남자 친구를 처음 만났을 때는 첫인상이 안 좋았어. 운동복을 입고 소개팅에 나왔거든. 게다가 나이에 비해서 너무 늙어 보이더라고. 그런데 만나다 보니까 괜찮아서 결혼까지 했잖아.
민호 그래? 나는 네 남편 인상 괜찮던데……. 나는 첫인상이 좋지 않은 사람은 왠지 정이 안 가.
하나 첫인상이 나빠도 좋은 사람일지도 모르니까 더 만나 봐. 올해 안에 장가 가야지.
민호 하긴 그래. 예전 여자 친구도 첫인상은 별로였으니까. 이번 주말에 영화나 보자고 할까?
하나 말이 나온 김에 지금 전화해 봐. 그리고 내가 오늘 시내에 갈 일이 있는데, 가는 김에 영화표 예매해 줄게. 빨리 전화해 봐.
민호 내 일은 내가 알아서 할 테니까 너무 신경 쓰지 마. 조금만 더 생각해 보고.

새 단어
첫인상
게다가
왠지
정이 가다
장가가다

● 옆 사람과 이야기해 보세요.

질문	까닭
첫인상이 중요하다고 생각해요?	
첫인상이 나빴는데 친해진 사람이 있나요?	

어휘 확장

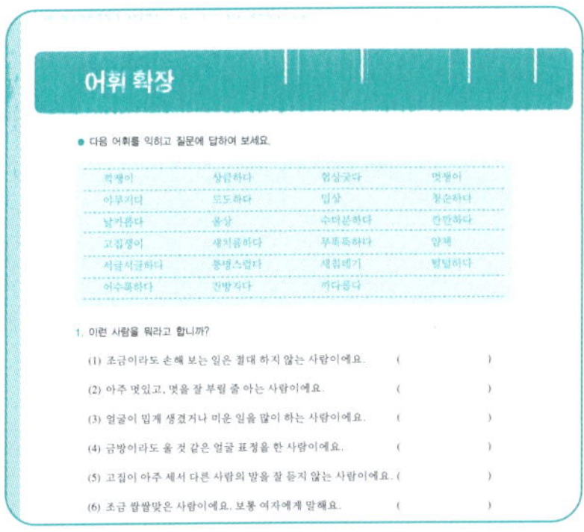
어휘 확장

● 다음 어휘를 익히고 질문에 답하여 보세요.

깍쟁이	상큼하다	험상궂다	멋쟁이
야무지다	도도하다	밉상	청순하다
날카롭다	울상	수더분하다	깐깐하다
고집쟁이	새치름하다	무뚝뚝하다	얌체
서글서글하다	뻔뻔스럽다	새침데기	털털하다
어수룩하다	건방지다	까다롭다	

1. 이런 사람을 뭐라고 합니까?

(1) 조금이라도 손해 보는 일은 절대 하지 않는 사람이에요. (　　)

(2) 아주 멋있고, 멋을 잘 부릴 줄 아는 사람이에요. (　　)

(3) 얼굴이 밉게 생겼거나 미운 일을 많이 하는 사람이에요. (　　)

(4) 금방이라도 울 것 같은 얼굴 표정을 한 사람이에요. (　　)

(5) 고집이 아주 세서 다른 사람의 말을 잘 듣지 않는 사람이에요. (　　)

(6) 조금 쌀쌀맞은 사람이에요. 보통 여자에게 말해요. (　　)

각 과의 주제와 관련 있는 어휘와 표현을 제시하고 연습할 수 있도록 구성하였다. 어휘 확장은 뒤에 이어질 읽기와 의사소통 활동에 활용할 수 있도록 하였다.

읽기 1,2

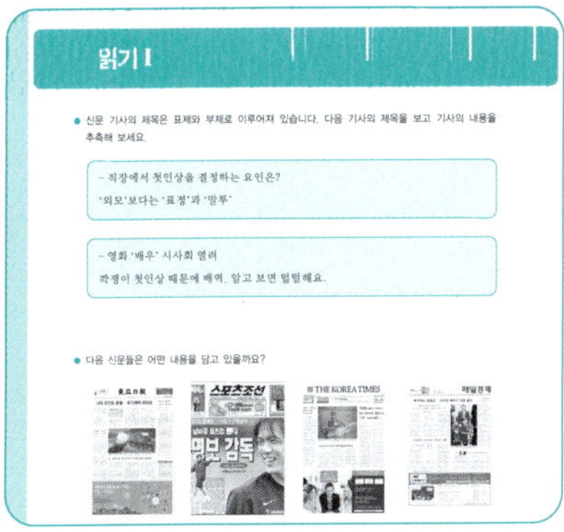
읽기 I

● 신문 기사의 제목은 표제와 부제로 이루어져 있습니다. 다음 기사의 제목을 보고 기사의 내용을 추측해 보세요.

– 직장에서 첫인상을 결정하는 요인은?
'외모'보다는 '표정'과 '말투'

– 영화 '배우' 시사회 열려
곽쟁이 첫인상 때문에 배역, 알고 보면 털털해요.

● 다음 신문들은 어떤 내용을 담고 있을까요?

각 과의 주제와 관련된 신문 기사, 문학 작품, 설명문, 논설문 등의 읽기 자료를 두 개 구성하였다. 각 읽기 활동은 읽기 전 활동—읽기 활동—읽기 후 활동으로 이루어져 있는데, 읽기 전 활동에서는 읽기 자료의 내용을 추측할 수 있는 질문들과 어휘 연습을 두어 읽기 전 배경지식을 활용할 수 있도록 하였고, 읽기 후 활동은 읽는 내용에 대한 심화 질문과 말하기로 구성하였다.

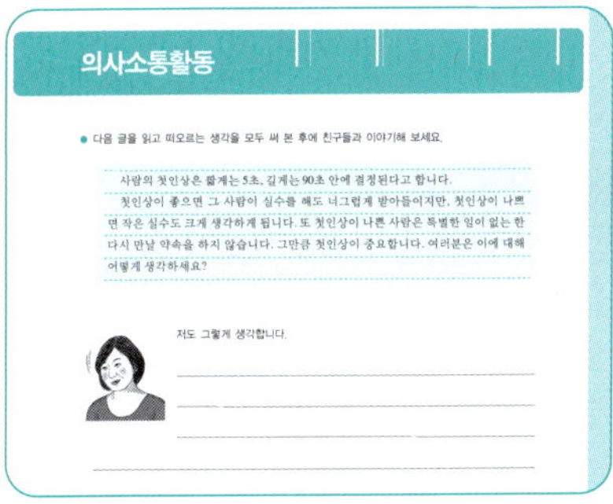
의사소통활동

● 다음 글을 읽고 떠오르는 생각을 모두 써 본 후에 친구들과 이야기해 보세요.

사람의 첫인상은 짧게는 5초, 길게는 90초 안에 결정된다고 합니다.
첫인상이 좋으면 그 사람이 실수를 해도 너그럽게 받아들이지만, 첫인상이 나쁘면 작은 실수도 크게 생각하게 됩니다. 또 첫인상이 나쁜 사람은 특별한 일이 없는 한 다시 만날 약속을 하지 않습니다. 그만큼 첫인상이 중요합니다. 여러분은 이에 대해 어떻게 생각하세요?

저도 그렇게 생각합니다.

의사소통활동

각 과의 주제와 관련된 말하기 활동으로, 토론하기, 발표하기, 소개하기 등 개별 또는 모둠별 말하기를 하도록 유도하였다.

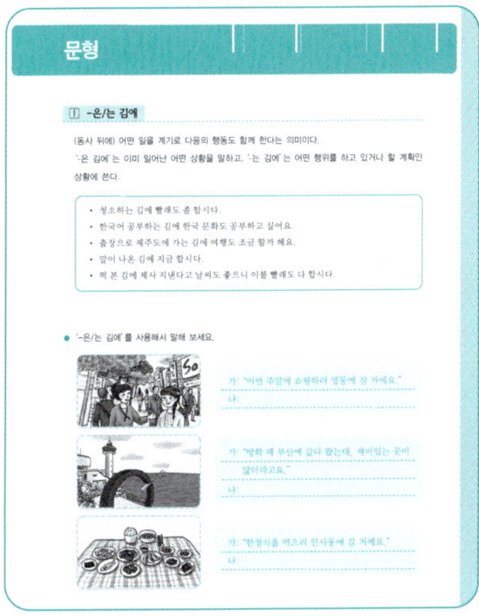
문형

1 -은/는 김에

(동사 뒤에) 어떤 일을 계기로 다음의 행동도 함께 한다는 의미이다.
'-은 김에'는 이미 일어난 어떤 상황을 말하고, '-는 김에'는 어떤 행위를 하고 있거나 할 계획인 상황에 쓴다.

- 청소하는 김에 빨래도 좀 합시다.
- 한국어 공부하는 김에 한국 문화도 공부하고 싶어요.
- 출장으로 제주도에 가는 김에 여행도 조금 할까 해요.
- 말이 나온 김에 지금 합시다.
- 떡 본 김에 제사 지낸다고 날씨도 좋으니 이불 빨래도 다 합시다.

● '-은/는 김에'를 사용해서 말해 보세요.

가: "이번 주말에 쇼핑하러 명동에 갈 거예요."
나:

가: "방학 때 부산에 갔다 왔는데, 재미있는 곳이 많더라고요."
나:

가: "한정식을 먹으러 인사동에 갈 거예요."
나:

문형

각 과마다 3~4개의 문형을 두었다. 문형의 의미를 한국어로 쉽게 풀어 설명한 후 전형적인 문장과 대화문을 제시하여 문형의 의미 기능을 이해하도록 하였다. 대화문을 완성하는 연습문제를 제시하여 대화 상황에서 문형을 이용하여 말할 수 있도록 하였다.

차례

01 인상과 느낌

말하기

첫인상에 대해 이야기하기

읽기

'첫인상' 관련 신문 기사 읽기 / 한국의 첫인상

문형

-은 김에 / -던데요 / -다가 보니까

말하기

● 여러분이 새로운 모임에 참석하게 되었습니다. 다음과 같은 사람들을 처음 만났는데 여러분은 어떤 사람과 친해지고 싶습니까? 또 어떤 사람에게 제일 먼저 말을 걸어 보고 싶습니까? 그 이유를 이야기해 보세요. 그리고 그 사람들의 인상과 느낌도 함께 이야기해 보세요.

● 여러분은 지금까지 여러분의 인상이나 느낌에 대하여 어떤 말을 들어 봤습니까?
사람들이 말하는 여러분의 인상이나 느낌이 실제로 맞다고 생각합니까?

듣기

● 하나와 민호가 소개팅에서 만난 사람의 첫인상에 대해 이야기하고 있습니다.
다음 대화를 잘 듣고 질문에 답하세요.

1. 다음 빈칸을 채우세요.

(1) 나쁜 사람 같지는 않은데, 첫인상이 좀 ____________________.

(2) 나는 첫인상이 좋지 않은 사람은 ____________________ 정이 안 가.

(3) ____________________. 예전 여자 친구도 첫인상은 별로였으니까.

2. 다음 중 틀린 것을 모두 고르세요.

(1) 민호는 첫인상이 차갑다. ☐

(2) 첫인상이 차가우면 마음이 따뜻하다. ☐

(3) 하나의 남자 친구는 첫인상이 좋았다. ☐

(4) 하나는 오늘 영화표를 예매하러 시내에 간다. ☐

대화

Track 01

하나　어제 소개팅에서 만난 사람 어땠어?

민호　글쎄. 잘 모르겠어. 나쁜 사람 같지는 않은데, 첫인상이 좀 차가웠어. 잘 웃지도 않고. 난 잘 웃는 여자 좋아하잖아.

하나　그래? 그래도 몇 번 더 만나 보는 게 어때? 나도 내 남자 친구를 처음 만났을 때는 첫인상이 안 좋았어.
운동복을 입고 소개팅에 나왔거든. 게다가 나이에 비해서 너무 늙어 보이더라고. 그런데 만나다 보니까 괜찮아서 결혼까지 했잖아.

민호　그래? 나는 네 남편 인상 괜찮던데…….
나는 첫인상이 좋지 않은 사람은 왠지 정이 안 가.

하나　첫인상이 나빠도 좋은 사람일지도 모르니까 더 만나 봐.
올해 안에 장가 가야지.

민호　하긴 그래. 예전 여자 친구도 첫인상은 별로였으니까.
이번 주말에 영화나 보자고 할까?

하나　말이 나온 김에 지금 전화해 봐. 그리고 내가 오늘 시내에 갈 일이 있는데, 가는 김에 영화표 예매해 줄게.
빨리 전화해 봐.

민호　내 일은 내가 알아서 할 테니까 너무 신경 쓰지 마.
조금만 더 생각해 보고.

새단어
- 첫인상
- 게다가
- 왠지
- 정이 가다
- 장가가다

● 옆 사람과 이야기해 보세요.

질문	까닭
첫인상이 중요하다고 생각해요?	
첫인상이 나빴는데 친해진 사람이 있나요?	

어휘 확장

● 다음 어휘를 익히고 질문에 답하여 보세요.

깍쟁이	상큼하다	험상궂다	멋쟁이
야무지다	도도하다	밉상	청순하다
날카롭다	울상	수더분하다	깐깐하다
고집쟁이	새치름하다	무뚝뚝하다	얌체
서글서글하다	퉁명스럽다	새침데기	털털하다
어수룩하다	건방지다	까다롭다	

1. 이런 사람을 뭐라고 합니까?

(1) 조금이라도 손해 보는 일은 절대 하지 않는 사람이에요. (　　　　　)

(2) 아주 멋있고, 멋을 잘 부릴 줄 아는 사람이에요. (　　　　　)

(3) 얼굴이 밉게 생겼거나 미운 일을 많이 하는 사람이에요. (　　　　　)

(4) 금방이라도 울 것 같은 얼굴 표정을 한 사람이에요. (　　　　　)

(5) 고집이 아주 세서 다른 사람의 말을 잘 듣지 않는 사람이에요. (　　　　　)

(6) 조금 쌀쌀맞은 사람이에요. 보통 여자에게 말해요. (　　　　　)

2. 이 사람들은 인상이 어떻습니까?

(　　　　　)

(　　　　　)

(　　　　　)

3. 빈 칸에 알맞은 말을 골라 쓰세요.

상큼하다	새치름하다	수더분하다
서글서글하다	까다롭다	날카롭다

(1) 최근 여성 아이돌 그룹들이 삼촌 팬들의 마음을 흔들고 있다. 대부분 10대 후반에서 20대 초반의 소녀들로 청순하면서도 ________________ 이미지로, 때론 섹시한 이미지로 변신을 거듭하고 있다.

(2) 연기 인생 50년을 맞은 배우 A씨는 ________________, ________________ 인상으로 시청자들에게 이웃집 아저씨 같은 친근한 느낌을 주어, 국민 배우로서 많은 한국인들의 사랑을 받고 있다.

(3) 그 회사는 입사할 때 준비해야 할 서류가 ________________, 면접시험 때도 면접관들이 ________________ 질문을 많이 한다.

4. 알맞은 것끼리 연결하세요.

(1) 야무지다 •		• 행동이나 성격이 까다롭고 빈틈이 없다
(2) 험상궂다 •		• 사람의 성격이나 생김새가 단단하고 굳세다
(3) 도도하다 •		• 잘난 체하고 조금 거만하다
(4) 깐깐하다 •		• 모양이나 상태가 아주 거칠고 험하다
(5) 새치름하다 •		• 겉모습이나 행동이 순진하고 어설프다
(6) 어수룩하다 •		• 쌀쌀맞게 행동하다
(7) 털털하다 •		• 성격이나 행동이 까다롭지 않고 편하다

5. 이 사람들이 말하는 사람의 성격은 어떻습니까? 여러분도 이런 성격의 사람을 알고 있습니까?

(1)

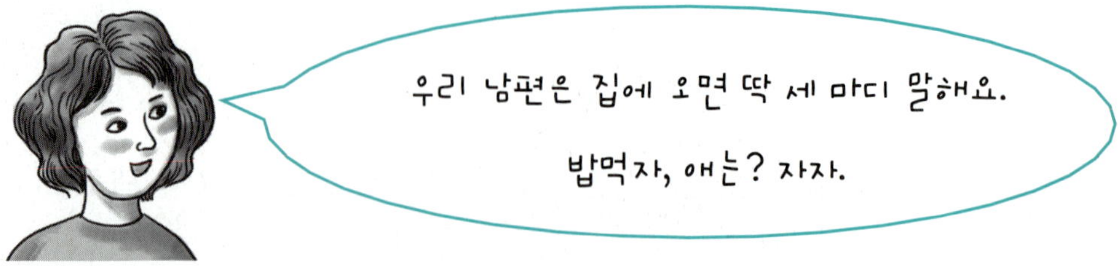

(2)

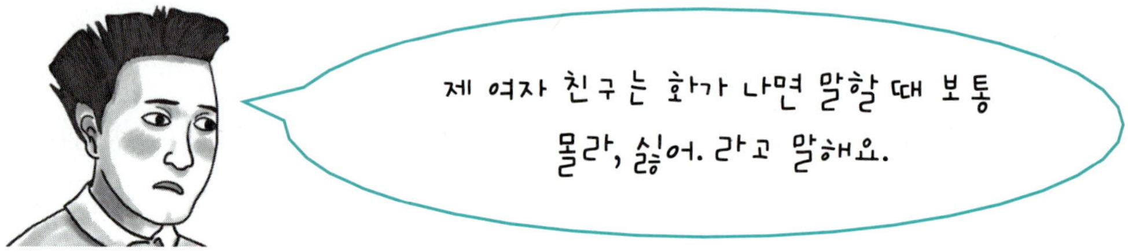

(3)

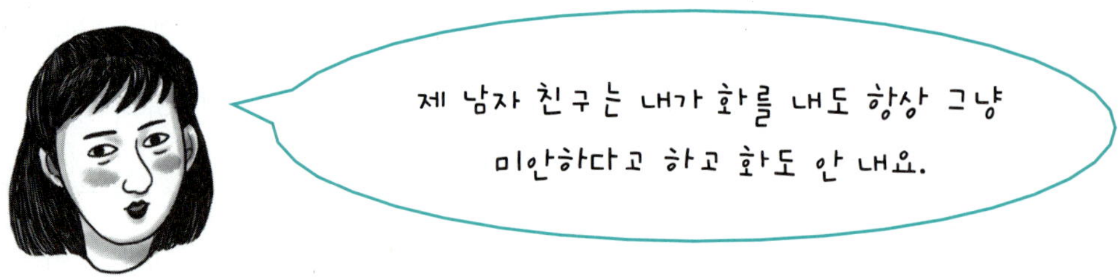

(4)

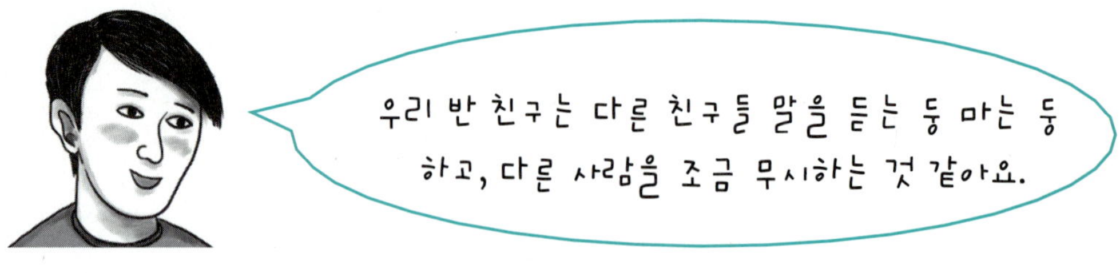

● 함께 이야기해 보세요.

1. 친구들의 첫인상이 어땠습니까? 앞에서 배운 단어를 이용해서 말해 보세요.

헤나로 씨는 처음에 친구들에게 먼저 인사를 건네고,
재미있는 농담도 해서 분위기를 편하게 했어요.
그래서 아주 서글서글한 사람이라고 생각했어요.

2. 친구들의 첫인상이 지금도 같습니까? 다른 친구들이 있습니까?

올가 씨는 처음에 조금 새침데기처럼 보였어요.
그런데 같이 공부하면 공부할수록 다른 사람을
배려하는 친구라는 것을 알게 되었어요.

읽기 I

● 신문 기사의 제목은 표제와 부제로 이루어져 있습니다. 다음 기사의 제목을 보고 기사의 내용을 추측해 보세요.

– 직장에서 첫인상을 결정하는 요인은?

'외모'보다는 '표정'과 '말투'

– 영화 '배우' 시사회 열려

깍쟁이 첫인상 때문에 배역. 알고 보면 털털해요.

● 다음 신문들은 어떤 내용을 담고 있을까요?

東亞日報

나라 곳간도 흔들… 국가채무 600兆

스포츠조선

25호 솔로포…14경기 연속안타

남아공 월드컵

명보 감독

THE KOREA TIMES

Military vows to shoot down NK 'missile'

Corporate restructuring gets boost

매일경제

"폭주하는 김정은… 더이상 퍼주기 지원 없다"

● 다음 밑줄 친 단어에 유의하여 문장의 의미를 파악해 보세요.

"서울 깍쟁이"라는 말을 들어 본 적이 있습니까? 이것은 시골 사람들이 서울 사람의 까다로움과 인색함을 놀리는 말투로 부르는 것입니다. 그러나 요즘은 곰 같은 사람보다 깍쟁이 같은 사람을 더 선호하는 편입니다.

● 다음은 첫인상과 관련된 신문 기사의 일부입니다. 기사를 읽고 물음에 답하세요.

기사 1

직장에서 첫인상을 결정하는 요인은?

- '외모' 보다는 '표정' 과 '말투'

첫인상에서 '외모'가 차지하는 비중이 높다 보니 취업 준비생들 사이에서 성형에 대한 관심 또한 높아지고 있는 것이 사실이다. 그러나 직장인의 첫인상을 결정하는 가장 큰 요인은 '외모'가 아니라 표정과 말투로 나타났다.

인터넷 설문조사 기관에서 직장인 500명을 대상으로 '직장 생활에서 첫인상을 결정하는 요인'에 대해 설문한 결과 다음과 같이 나타났다.

조사에 따르면 직장인의 첫인상 결정에 '표정'(37%)이 가장 큰 영향을 끼치고 있었다. 이어 '말투'(27%), '외모'(13%), '복장'(8%) 순이었다.

응답자의 93%는 "직장 생활에서 첫인상이 중요하다"고 답했다. 직장인이 가장 선호하는 첫인상 유형은 '서글서글하고 예의바른 이미지'(34%)였다. 2위는 '활기차고 에너지 넘치는 유형'(32%), 3위는 '무엇이든 열심히 하는 모습'(19%)으로 나타났다.

-○○스포츠 기사 중에서-

기사 2

영화 '배우' 시사회 열려

"깍쟁이 첫인상 때문에 배역. 알고 보면 털털해요."

한국의 인기 여배우 ○○○씨는 한국뿐만 아니라 일본 등 아시아에서도 유명한 한류 스타다. 한국과 아시아를 오가며 바쁘게 활동하다 보니 만나기 어려운 배우이기도 하다. 그런 그녀를 영화 시사회장에서 어렵게 만났다.

이 영화에서 그녀는 도도하고 얌체 같은 배역을 맡아 연기했다. 그러다 보니 그녀의 이미지가 고정화될까 봐 걱정하는 팬들도 많다.

"사람들이 저에 대해 깍쟁이일 것 같고 취향도 까다로울 것 같다고 많이 이야기하던데요. 사실 저 알고 보면 털털한 성격이에요. 이번 영화에서도 얌체 같고 혼자만 특별 대우를 받고 싶어 하는 캐릭터로 나오는데, 제가 그렇게 얌체처럼 생겼나요?"

-○○ 스포츠 기사 중에서-

1. 〈기사 1〉의 설문 조사 결과를 그래프로 나타내 보세요.

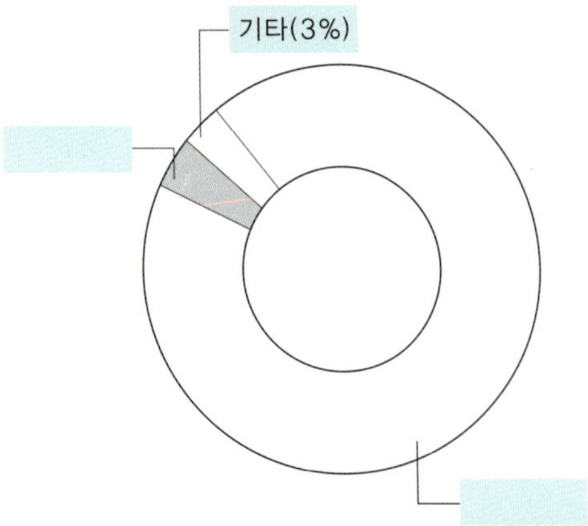

〈첫인상의 중요성〉

〈첫인상 결정 요인〉

2. 직장 생활을 할 때, 동료나 상사에게 좋은 인상을 주기 위해서는 어떻게 하는 것이 좋다고 합니까?

3. 배우 ○○○씨를 보고 사람들이 느끼는 첫인상이 <u>아닌</u> 것은?

① 얌체 같다　② 도도하다

③ 까다롭다　④ 청순하다

4. 이번 영화에서 ○○○씨는 어떤 역할을 맡았나요? 왜 그런 역할을 맡게 되었다고 생각하나요?

새단어

말투	차지하다	비중	성형
요인	선호하다	싹싹하다	활기차다
배역	고정화되다	한류	오가다
시사회	취향	특별대우	캐릭터

읽기 II

● 여러분은 한국에 오기 전에 한국에 대해 무엇을 알고 있었습니까? 그것을 통해 한국에 대해 어떤 생각을 가지고 있었습니까?

● 여러분이 한국에 처음 왔을 때, 한국은 여러분이 생각했던 것과 비슷했습니까? 아니면 달랐습니까?

비슷한 것	다른 것

● 다음 밑줄 친 단어에 주의하며 친구와 이야기해 보세요.

- 무슨 일이 있을 때 들뜬 기분이 듭니까?
- 한국의 재래시장에서는 말만 잘하면 '덤'을 많이 얻을 수 있습니다. '덤'을 얻어 본 적이 있습니까?
- 다음 대화에서 '두말할 필요 없다'는 무슨 뜻일까요?

가: 한국어능력시험 6급에 합격하다니 정말 대단해요! 축하해요.
한턱 낼 거죠?
나: 그럼요. 두말할 필요 없죠.

● 다음은 숙명여대 어학당 학생들이 쓴 '한국의 첫인상'에 대한 글입니다. 잘 읽고 물음에 답하세요.

한국의 첫인상

눈 깜짝할 사이에 한국에 온 지 벌써 1년이 되었다. 그렇지만 처음에 왔을 때 가지고 있었던 신선함과 신비감은 아직도 내 마음 속에 남아 있다.

들뜬 마음으로 인천공항에 도착했는데, 비행기에서 내리자마자 한국 사람의 따뜻한 마음을 느낄 수 있다. 내가 무거운 짐을 끌고 가는 걸 본 어떤 한국 사람이 두말할 필요 없이 나를 도와 주었다. 감사하다는 말을 하고 싶었지만 한국말을 하나도 몰랐기 때문에 할 수 없었다. 답답한 마음으로 서 있는데 그 사람이 따스한 미소를 짓고 멀어져 갔다.

드디어 학교가 시작되었다. 한국말을 전혀 배우지 않은 나는 강의실에서 앉으면서도 수업을 이해할 수 없을까 봐 두근거리고 걱정이 되었다. 문이 열리면서 햇살처럼 따뜻한 미소를 짓는 젊은 선생님이 들어오셨다. 한국말을 전혀 못하는 우리 외국 학생들에게 영어로 인사하고 오랫동안 알아온 친한 친구처럼 가벼운 이야기부터 수업이 시작됐다.

같은 아시아 나라이므로 문화가 비슷할 거라고 생각했지만 한국에 머무는 동안 차이점을 많이 느꼈다. 예를 들면 생활 중 사용하는 " 다녀왔습니다", " 잘 먹었습니다."라는 말들은 중국에서 쓰지 않던 말이다. 예의의 나라 중국에서 온 내가 이런 예의 바른 생활습관을 보면서 다소 감동적이었다.

그리고 한국 사람들은 정이 많다. 길에서 과일 파는 아저씨에게 과일을 살 때 예쁜 사과나 귤을 더 많이 받곤 했다. 아저씨가 내 말투를 보고 이국에서 왔는지 알아차렸기 때문이다. 덤으로 받은 사과나 귤은 더 맛있었다. 쇼핑을 하고 나서 지하철에서 서 있었는데 앉아 있는 할머니가 짐을 들어 주시겠다고 하셨다. "아니요, 괜찮아요." 이렇게 말하면서 고맙고 행복한 기분이 들었다. 이런 비슷한 일들이 너무 많아서 여기에 다 쓰려면 종이가 여러 장 필요할 것이다.

한국 사람들의 친절함은 나에게 가장 깊은 인상을 남겼다. 아무 데나 가도 이런 편안한 분위기가 있다. 그래서 한국에 온 지 겨우 1년이 되었지만, 마치 오랫동안 한국에 살았던 것 같은 느낌이 든다. 나중에 한국 유학이 끝나고 중국에 돌아가면 나에게 상큼한 미소를 준 사람들이 얼마나 보고 싶을까?

– 샤오첸(중국, 숙명여대 어학당 학생) –

새단어

신비감	들뜨다	두말할 필요 없이	따스하다
다소	이국	덤	알아차리다

동경과 편견을 버리고 한국을 이해하다

고등학교 때 우연히 친구 집에서 함께 본 한국 드라마 한 편이 나의 인생을 바꾸었다. 그 드라마를 계기로 나는 한류에 빠지게 되었고, 한국을 동경하게 되었다. 드라마나 영화에 나오는 한국 사람들의 모습은 내가 항상 봤던 멕시코 사람들이나 미국, 유럽 사람들과 다른 얼굴이라서 상큼하고 신선했다. 무엇보다 드라마의 내용이 흥미진진했고, 배경이 아름다웠다. 나는 언젠가 한국에 가게 되면 꼭 그 장소에 가 보겠다고 결심했다. 단지 꿈일 뿐이라고 생각했던 한국 유학이 결정되고, 한국에 오기 전까지 나는 마치 구름 위를 걷는 것 같았다. 그만큼 한국에 대한 기대가 컸고, 희망에 가득 차 있었다.

기대가 너무 컸기 때문일까? 한국에 대한 실망이 빨리 찾아왔다. 첫 실망은 인천 공항에서 버스를 타고 서울로 왔을 때이다. 공항에 내렸을 때는 비가 오고 있었는데, 버스 창문 밖으로 보이는 서울의 모습은 우울했다. 나는 비 때문이라고 생각했지만 비가 그친 후에도 서울이 우울하게 보였다. 건물들은 모두 색깔이 없었고, 사람들도 다 비슷했다. 건물과 사람들 모두 무표정해 보였다. 모양이 똑같은 아파트는 너무 높이 올라가 있어서 나는 그게 아파트인 줄 몰랐다. 내가 생각했던 서울은 이렇게 심심한 곳이 아니었다. 드라마에서 봤던 서울은 어디에 있는 것일까? 내가 생각했던 것과 많이 다른 서울의 모습을 보고 크게 실망했다. 반면에 한국에 오기 전에 들었던 한국 사람들에 대한 이야기는 대부분 맞았다. 한국 사람들은 일을 너무 열심히 했고, 일 때문에 유머가 없어 보였다. 항상 바쁘게 어디로 가고 있었다. 그리고 아줌마들은 무서웠다.

한국에 대한 동경은 사라지고, 한국 사람에 대한 편견은 더 강해졌다. '드라마는 그냥 드라마구나'라고 생각했다. 그런데 한국에서 1년 정도 살다 보니까 한국이 좋아지기 시작했다. 여전히 서울의 건물은 우울하지만, 서울 여기저기에서 아름다운 전통 건물을 만날 수 있었고, 사람들은 무표정하지 않았다. 한국에 대한 동경과 편견을 버리고 나니까 진짜 한국을 만날 수 있었다. 한국 아줌마들은 무서운 것 같지만, 정이 많고 외국인을 도와주려는 마음을 항상 가지고 있었다. 그리고 한국 사람들이 성격이 급하지만 그렇기 때문에 어떤 일을 할 때 열심히 빠른 속도로 끝낸다. 한국 친구들은 대부분 외국어를 잘 하는데, 한국 사람들은 일을 할 때도, 공부를 할 때도 목표를 세우고 열심히 하기 때문이라고 생각한다. 그런 한국 친구들을 보며 나도 많은 것을 배우게 된다. 한국어를 배우러 한국에 온 김에 더 많은 한국 사람들과 교류하고 싶다.

첫인상은 좋지 않았지만, 사귀면 사귈수록 좋아지는 친구가 있다. 나에게 한국과 한국 사람들은 그런 친구이다.

-마누엘(멕시코, 숙명여대 어학당 학생)-

새단어

동경	편견	계기	신선하다
무표정하다	교류하다		

1. 샤오첸 씨가 느낀 한국 사람들의 특징을 한 단어로 표현한다면 무엇일까요?

2. 앞의 글에서 어색한 표현이나 단어가 있습니까? 바꾸면 좋겠다고 생각되는 부분을 찾아서 바꾸어 보세요.

(1) ______________________ → ______________________

(2) ______________________ → ______________________

3. 다음은 마누엘 씨의 글을 요약한 것입니다. 빈칸에 알맞은 말을 쓰세요.

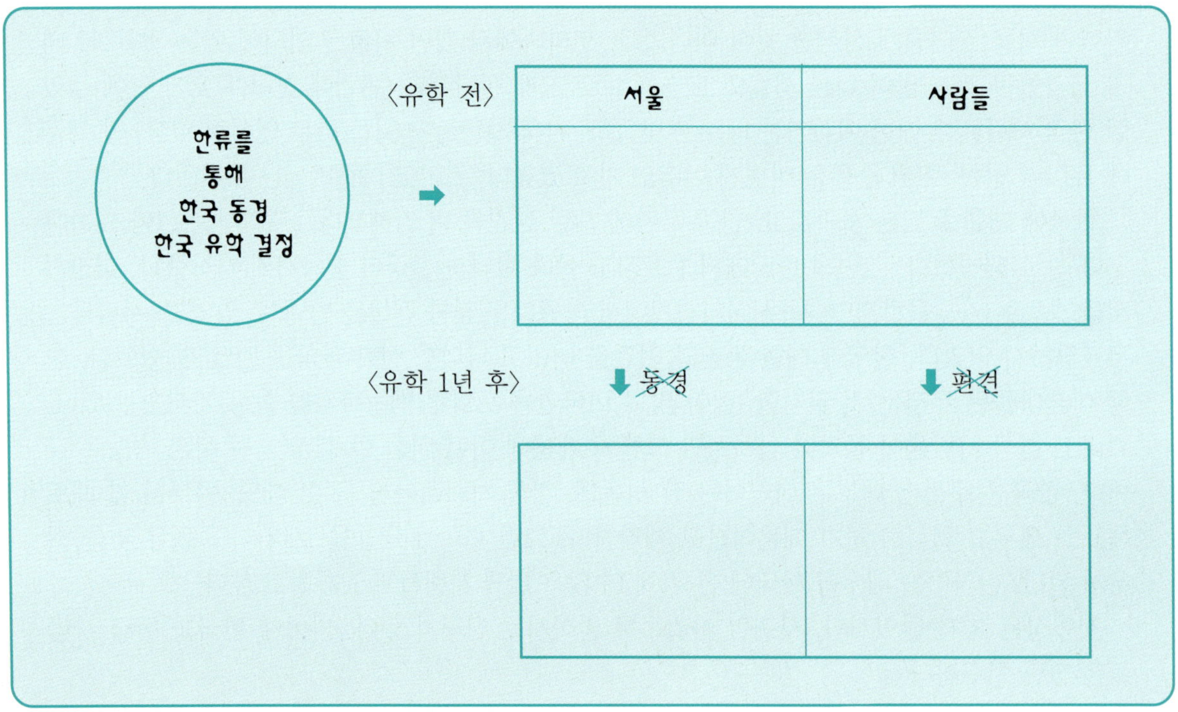

4. 다음 중 읽은 내용과 일치하는 것을 고르세요.

(1) 두 사람은 한국 생활을 하면서 한국인의 정을 느꼈다.

(2) 두 사람은 한국에 오기 전과 온 후에 한국에 대한 생각이 바뀌었다.

(3) 두 사람 모두 한국에 유학온 지 1년이 되었고, 사오첸 씨는 이제 돌아갈 것이다.

(4) 마누엘 씨는 한국에 기대와 실망을 모두 느꼈지만, 지금은 한국을 동경하게 되었다.

의사소통활동

● 다음 글을 읽고 떠오르는 생각을 모두 써 본 후에 친구들과 이야기해 보세요.

사람의 첫인상은 짧게는 5초, 길게는 90초 안에 결정된다고 합니다.

첫인상이 좋으면 그 사람이 실수를 해도 너그럽게 받아들이지만, 첫인상이 나쁘면 작은 실수도 크게 생각하게 됩니다. 또 첫인상이 나쁜 사람은 특별한 일이 없는 한 다시 만날 약속을 하지 않습니다. 그만큼 첫인상이 중요합니다. 여러분은 이에 대해 어떻게 생각하세요?

저도 그렇게 생각합니다.

저는 그렇게 생각하지 않습니다.

첫인상은 주로 시각적인 부분, 즉 외모를 통해 결정됩니다. 좋든 싫든 다른 사람이 내 외모를 보고 나를 평가한다는 말입니다. 그래서 면접에서 좋은 결과를 얻기 위해 성형을 하는 사람들도 있습니다. 그런데 꼭 예쁘고 잘 생겨야지 좋은 첫인상을 줄 수 있을까요?

좋은 첫인상을 주기 위해서는 어떻게 하면 좋을까요? 또 어떻게 하면 안 될까요?

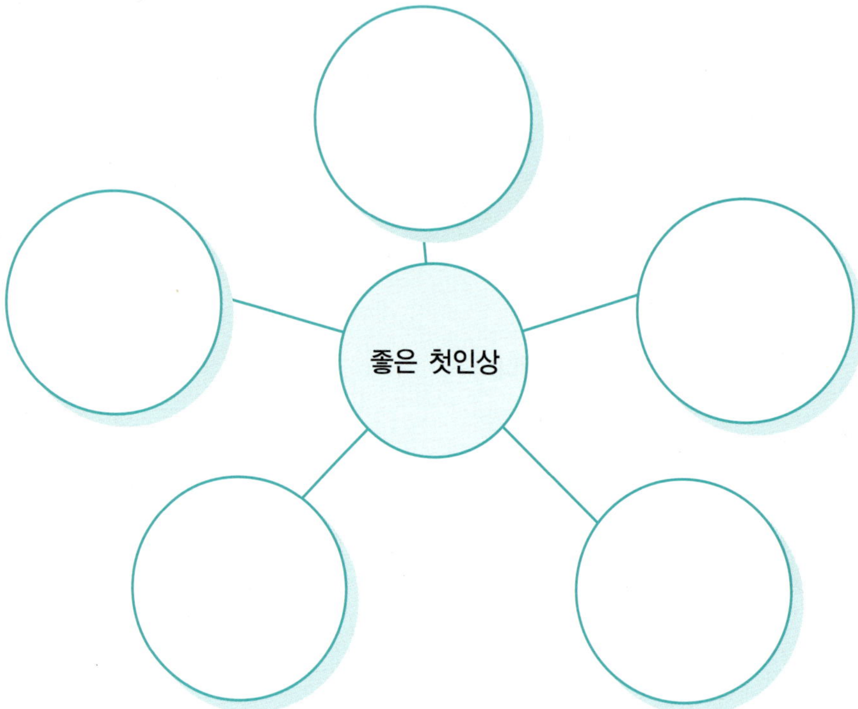

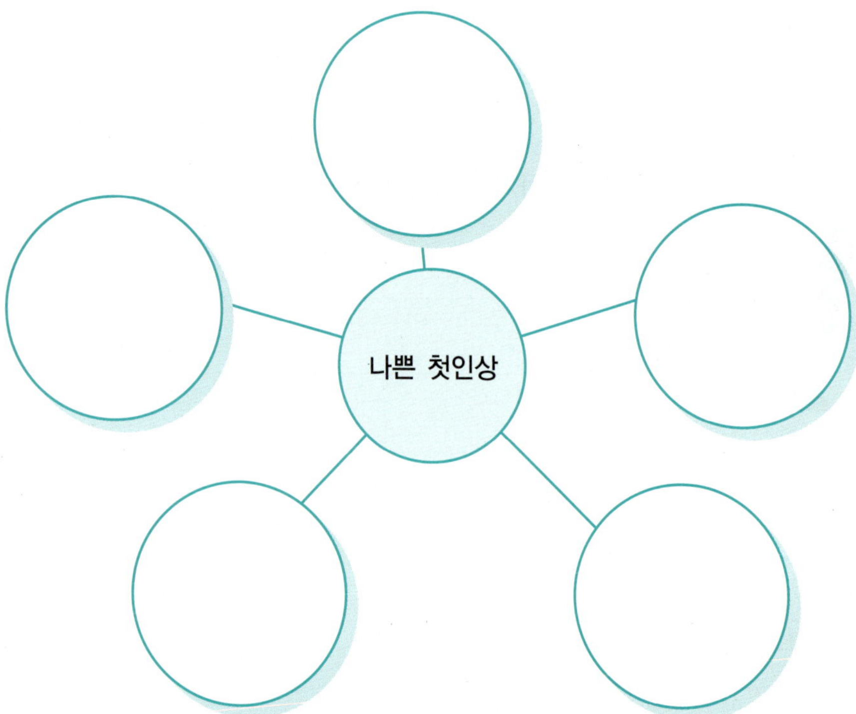

문형

1 -은/는 김에

(동사 뒤에) 어떤 일을 계기로 다음의 행동도 함께 한다는 의미이다.

'-은 김에'는 이미 일어난 어떤 상황을 말하고, '-는 김에'는 어떤 행위를 하고 있거나 할 계획인 상황에 쓴다.

- 청소하는 김에 빨래도 좀 합시다.
- 한국어 공부하는 김에 한국 문화도 공부하고 싶어요.
- 출장으로 제주도에 가는 김에 여행도 조금 할까 해요.
- 말이 나온 김에 지금 합시다.
- 떡 본 김에 제사 지낸다고 날씨도 좋으니 이불 빨래도 다 합시다.

● '-은/는 김에'를 사용해서 말해 보세요.

가: "이번 주말에 쇼핑하러 명동에 갈 거예요."

나:

가: "방학 때 부산에 갔다 왔는데, 재미있는 곳이 많더라고요."

나:

가: "한정식을 먹으러 인사동에 갈 거예요."

나:

2 '-던데요'

과거의 어떤 사실에 대해 말하거나 감탄하듯이 말하며 문장을 끝낼 때 사용한다.

반말은 '-요'가 빠진 '-던데' 형태이다.

- 가 : 김 선생님께 할 말이 있는데 안 계세요?
  나 : 아까 점심 식사하러 가시던데요.
- 가 : 시험 어땠어? 난 좀 쉬운 것 같았어.
  나 : 그래? 난 어렵던데…….
- 어제 날씨 진짜 춥던데요.
- 그 사람 한국말 잘 하던데요.
- 제주도가 듣던 대로 아름답던데요.

● '-던데요'를 사용해서 말해 보세요.

(1) 가: 어제 체험학습으로 다녀온 박물관은 어땠어요?

나: ______________________________

(2) 가: 좀 전에 여기 앉아 있던 하얀색 모자 쓴 사람 못 봤어요?

나: ______________________________

(3) 가: 학교 앞에 먹을 만한 식당이 있어요?

나: ______________________________

(4) 가: 경주에 가 보니까 어떻던가요?

나: ______________________________

3 -다가 보니까

앞 문장의 행동이 이유가 되어 뒷 문장에 그로 인한 결과가 올 때 사용한다.
'다가'의 '가'와 '보니까'의 '까'가 생략되어 '-다 보니' 형태로 많이 쓰인다.

- 바쁘다 보니까 서로 연락도 못 하고 지내요.
- 친구와 이야기하다 보니 수업 시간에 늦고 말았어요.
- 한국에 오래 살다가 보니까 한국이 고향처럼 친근해졌어요.
- 여러 가지 일을 동시에 하다 보니 요즘 정신이 없다.
- 출산율은 낮고, 평균 수명이 연장되다 보니까 급격히 노령화 사회가 되었다.

● '-다가 보니까'를 사용해 말해 보세요.

02 말의 힘

말하기

고민 듣고 조언하기

읽기

모든 것은 생각하기 나름이다 / 내 인생의 멘토

문형

-은 셈 치다 / -기 나름이다 / -기란 쉽지 않다 /
-는 한 -을 수 없다

말하기

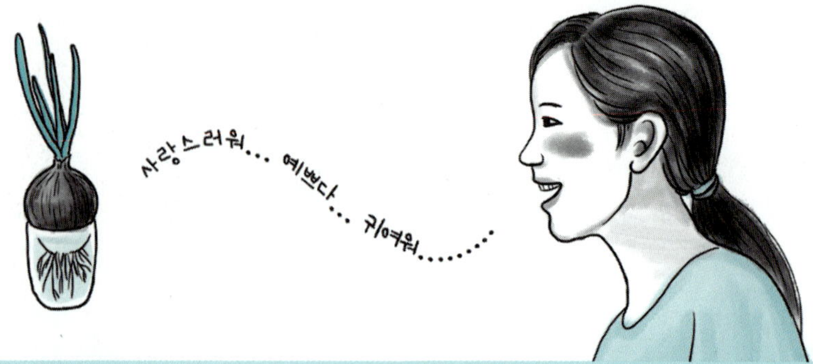

- 양파에게 좋은 말을 할 때와 나쁜 말을 할 때의 결과는 어땠을까요? 또한 동물이나 사람에게는 어떤 결과가 나올까요?
- 주변 사람에게 어떤 말을 자주 합니까? 그 말의 효과는 어땠습니까?
- 교실에 '칭찬 게시판'을 만들어 친구에 대한 칭찬을 써 보세요.

듣기

- 다음은 지선과 링링이 민호와 있었던 일에 대해 이야기하고 있습니다. 잘 듣고 질문에 답하세요.

1. 대화 내용과 맞는 것을 고르세요.

(1) 링링은 오늘 기분이 안 좋은 척을 하고 있다. ☐

(2) 지선은 친구 문제 때문에 오늘 기분이 안 좋다. ☐

(3) 민호는 정한 날짜까지 일을 마치지 못했다. ☐

(4) 링링의 말은 민호의 감정을 상하게 했다. ☐

(5) 링링과 민호는 지금 좀 불편한 사이가 되었다. ☐

2. 이 대화에서 친구가 약속을 안 지켰을 때 어떻게 말을 하라고 조언을 하였습니까?

Track 02

대화

지선 링링! 무슨 안 좋은 일이라도 있어? 얼굴이 안 좋아 보이는데.

링링 그래? 내 얼굴에 그렇게 쓰여 있어? 난 왜 이렇게 감정이 그대로 얼굴에 드러나지?

지선 누구나 자기 감정을 숨기기란 쉽지 않지. 그래, 무슨 일이 있었는데?

링링 민호 있잖아. 이번에도 한 팀이 돼서 일을 같이 하게 됐거든. 그런데 또 정한 날짜까지 약속한 일을 안 해 온 거야.

지선 그래서 또 이번에도 민호한테 뭐라고 그랬어?

링링 응, 네가 이렇게 일을 안 해 오는 한 나는 더 이상 같이 일을 할 수 없다고 따끔하게 이야기했지.

지선 그랬더니 민호가 뭐래?

링링 사과는커녕 짜증 섞인 목소리로 왜 자기한테만 그러냐고, 내가 너무 까다롭게 군다고 하더라.

지선 그랬어? 민호도 잘한 건 아니지만 화를 내기 전에 먼저 왜 못했는지 물어보지 그랬어? 처음부터 너무 감정 상하게 말을 한 건 사실이네.

링링 다음부터는 앞뒤 사정을 먼저 물어보든지, 하고 싶은 이야기

지선 는 좀 돌려서 말하든지 해 봐.

그러게. 나도 그럴 필요가 있는 건 아는데 잘 안 된다.

마음먹기 나름이야. 다음부턴 명심하고 잘해 봐. 그리고 민호한테도 네가 먼저 좋게 다시 말을 걸어 봐. 언제까지 껄끄럽게 지낼 수는 없잖아.

새단어

- 드러나다
- 따끔하다
- 감정이 상하다
- 명심하다
- 껄끄럽다

● 친구가 이런 일로 기분이 나쁠 때 여러분은 어떻게 말하겠습니까?

어휘 확장

● 다음은 말하는 방법을 나타낸 몇 가지 표현입니다. 알맞은 표현을 넣고 같이 이야기해 보세요.

돌려 말하다
직설적으로 말하다
비꼬아 말하다
꼬집어 말하다

(1) 오늘 우리 선생님이 학생들 중에 '아리아 씨'가 제일 성적이 좋지 않다며 아리아 씨를 딱 ______________. 그랬더니 아리아 씨는 무안하고 당황스러워서 얼굴이 새빨개졌다.

(2) 그 사람은 하고 싶은 말이나 해야 할 말이 있으면 주저하지 않고 항상 ______________. 그렇게 말하는 습관은 무슨 말을 하려고 하는 건지 정확하게 알 수 있어서 좋기는 하지만 때로는 듣는 사람이 상처를 받을 수 있으니 조심해야 한다.

(3) 내 생일 때 빈손으로 왔던 친구가 다른 친구 생일에는 직접 만든 큰 케이크를 가져갔다는 말을 듣고 나는 너무 서운했다. 그래서 그 친구에게 "직접 만든 케이크가 너무 커서 들고 가기에 힘들었겠다."라고 ______________. 그랬더니 친구가 어쩔 줄 몰라 하며 미안해했다.

(4) 나는 가끔 말을 할 때 핵심을 직접 말하지 않고 ______________. 이런 나의 말 습관을 싫어하는 사람도 있다. 말한 사람의 의도를 한 번에 알 수 없고 꼭 다시 한 번 더 생각해 봐야 하기 때문이라고들 한다.

● 다음은 원만한 대인 관계를 갖지 못하는 사람의 특징입니다. 이 특징들을 알맞게 설명한 것과 연결해 보세요.

(1) 까다롭게 굴다 •	• 잘난 척을 하다
(2) 제멋대로 하다 •	• 다른 사람에게 방해가 되게 하다
(3) 건방지게 굴다 •	• 이미 정한 것을 이랬다저랬다 자꾸 바꾸다
(4) 변덕이 심하다 •	• 기분이 좋았다 나빴다 하다
(5) 귀찮게 굴다 •	• 성미나 취향이 원만하지 않다
(6) 감정 기복이 심하다 •	• 마음을 잘 표현하지 않는다
(7) 속내를 보이지 않는다 •	• 다른 사람을 생각하지 않고 마음대로 하다
(8) 얄밉게 굴다 •	• 말이나 행동이 밉거나 싫어하게 하다

● 이런 사람들에게 어떤 조언이나 충고를 해 주겠습니까?

특 징	조 언 / 충 고
까다롭게 굴다	너무 예민하게 굴면 정신 건강에 안 좋으니까 원만한 성격을 갖도록 노력해 봐요.
제멋대로 하다	
건방지게 굴다	
변덕이 심하다	
귀찮게 굴다	
감정 기복이 심하다	
속내를 보이지 않는다	
얄밉게 굴다	

● 아래와 같은 고민을 하고 있는 사람들에게 적당한 조언은 무엇입니까? 그 이유는 무엇입니까?

입장을 바꿔 놓고 생각하다	여유를 두고 생각하다
그냥 내버려 두다	편견을 버리다
소신껏 행동하다	있는 그대로 받아들이다
관계를 회복하다	마음을 잘 다스리다
과거에 집착하지 않다	

이런 문제가 있어요

(1) 도저히 우리 아들의 마음을 모르겠어요.

(2) 어떤 사람의 말을 듣고 결정해야 할지 모르겠어요.

(3) 오래된 친구와 오해로 몇 달째 소식을 끊었어요.

(4) 남편의 성격을 아무리 고치려 해도 잘 되지 않아요.

(5) 우리 딸이 명문대에 가지 못하면 성공을 못 할까 걱정이에요.

(6) 참으려 해도 어떤 상황이 되면 나도 모르게 버럭 화를 내게 돼요.

(7) 사업이 망하기 전의 잘 살던 모습만 생각하며 하루를 보내요.

(8) 마음이 조급해져서 판단을 제대로 못 하겠어요.

(9) 친구가 사소한 일로 걸핏하면 혼자 삐쳤다 풀어졌다 해요.

읽기 I

● '말이 씨가 된다' 라는 속담이 있습니다. 무슨 뜻일까요?

● 힘들어 보이는 일도 '할 수 있다' 고 긍정적으로 생각해서 좋은 결과가 있었던 적이 있습니까?

● 다음 그림을 보고 단어를 이용해서 내용을 추측해 보세요.

선원	냉동 컨테이너	새기다	마비

● 다음은 어떤 마음가짐으로 살아야 할지에 대한 교훈을 담고 있는 글입니다.

모든 것은 생각하기 나름이다

1950년대 영국의 배 한 척이 화물을 내리기 위해 스코틀랜드의 한 항구에 닻을 내렸다. 포도주를 운반하는 배였다. 한 선원이 모든 화물이 다 내려졌는지 확인하려고 냉동 컨테이너 안으로 들어갔는데 그때 그가 안에 있는 것을 모르는 다른 선원이 밖에서 냉동실 문을 닫아 버렸다. 선원은 있는 힘을 다해 문을 두드렸지만 아무도 그 소리를 듣지 못했고 배는 떠나고 말았다.

냉동실 안에는 먹을 식량이 충분히 남아 있었다. 그러나 선원은 냉동 컨테이너에 갇혀 있는 한 자기가 오래 버티지 못할 것이라고 생각하였다. 그는 바닥에 떨어져 있던 쇠 조각 하나를 들고 냉동실 벽에 자기가 겪은 고통의 이야기를 새겼다. 냉기 때문에 코와 손가락과 발가락이 꽁꽁 얼고 몸이 마비되어 가는 과정을 꼼꼼히 적었으며, 언 부위가 견딜 수 없이 따끔거리는 상처로 변해 가는 과정도 하나하나 기록했다.

마침내 배가 항구에 닻을 내렸다. 냉동 컨테이너의 문을 연 선장은 죽어 있는 선원을 발견했다. 선장은 자세하게 벽에 적혀 있는 고통의 일기를 읽었다. 그러나 정작 놀란 것은 그게 아니었다. 컨테이너 안의 온도를 재 보았더니 겨우 섭씨 19도를 가리키고 있었던 것이다. 그곳은 화물이 들어 있지 않았기 때문에 항해를 하는 동안 냉동장치가 작동하지 않았던 것이다.

그 선원은 냉동 창고이기 때문에 춥다고 생각했던 것이며, 그 생각 때문에 얼어 죽고 말았던 것이다. 컨테이너 안에 갇힌 사람은 당연히 추운 걸로 생각했을 것이며 그리하여 그에 상응하는 결과가 자신에게 실제로 일어났던 것이다.

새단어

닻	선원	선장	식량	버티다	쇠	겪다
고통	새기다	냉기	마비	정작	재다	섭씨
작동하다	상응하다					

1. 냉동 컨테이너에 있던 선원이 죽음에까지 다다르게 된 이유는 무엇 때문이었습니까?

(1) 식량이 부족해서

(2) 몸이 마비되어서

(3) 온도가 낮아서 얼어서

(4) 죽을 것이라고 생각해서

2. 위와 같은 이야기를 읽고 얻을 수 있는 교훈은 무엇입니까?

3. 다음 일화를 읽고 앞의 이야기와 비교해 보세요.

미국의 한 대학에서 초등학교 학생들을 대상으로 지능검사를 하였다. 그리고 몇몇 학생의 명단을 교사에게 주면서 '지적 능력이나 학업 성취의 향상 가능성이 높은 상위 20%의 학생들' 이라고 거짓 정보를 주었다고 한다. 8개월 후 이전과 같은 지능검사를 다시 실시하였는데, 거짓 정보 명단에 속했던 학생들은 다른 학생들보다 평균 점수가 높게 나왔을 뿐만 아니라 학교 성적도 크게 향상되었다고 한다. 학생들에 대한 교사의 기대와 칭찬이 이런 변화를 가져왔다는 것을 알 수 있다.

4. 여러분은 늘 생각하거나 마음먹었던 것들이 실제로 여러분 생활에 일어난 적이 있습니까? 자신의 경험을 이야기해 보세요.

읽기 II

● 힘이 들고, 외로울 때, 마음이 복잡해서 도움이 필요할 때 여러분은 어떻게 합니까? 누구와 이야기를 합니까?

● 여러분에게는 멘토가 있습니까? 있다면 친구들에게 소개해 보세요. 아직 멘토가 없다면 어떤 분야의 멘토가 필요합니까? 그리고 어떤 사람이 멘토가 되었으면 좋겠습니까?

● 다음은 '성찰 일기'와 '칭찬 일기'입니다. 여러분의 어제 일기를 써 보세요.

성찰 일기

• 오늘 하루 나의 그릇된 행동 방식

1.

2.

• 그릇된 행동으로 인한 깨달음

1.

2.

칭찬 일기

• 오늘 하루 독려할 만한 나의 행동 방식

1.

2.

• 내가 오늘 달성한 일

1.

2.

● 이야기를 들어 주고 조언도 해 주며 힘이 되어 주는 상대를 우리는 멘토(mentor)라고 부릅니다. 멘토와 관련된 글을 읽고 물음에 답하세요.

내 인생의 멘토

나는 힘든 일이 있을 때마다 나를 이끌어 주고 내 인생의 나아갈 길을 제시해 주는 내 인생의 멘토가 있기를 늘 꿈꿔 왔다. 그러던 중 우연히 서점에서 '당신의 멘토는 누구인가?' 라는 책을 발견하게 되었다. 나는 내 인생의 멘토를 어디에서 어떻게 만나게 될까 흥미진진한 마음으로 책장을 열었다. 그런데 내 기대와는 달리 이 책에서는 다름 아닌 '나 자신'이 내 인생 최고의 멘토라고 말해 주었다. 나는 과연 나 자신이 내 인생의 멘토가 될 수 있을까 의구심을 가지면서도 속는 셈치고 계속해서 책을 읽어 나갔다. 이 책을 다 읽고 난 후 나는 나 자신이 내 인생의 가장 훌륭한 멘토가 되어 줄 거라는 강한 확신이 들었고, 내 인생의 미래를 생각하며 설레는 마음으로 책을 덮었다.

이 책에서는 '자기 스스로 최고의 멘토가 되기 위한 세 가지 단계'를 소개하고 있는데 그것은 '1분 목표 - 1분 칭찬 - 1분 성찰'로 간략하게 말할 수 있다. 이와 같은 습관을 통해 우리는 자신의 목표에 점차 가까워질 거라고 이 책은 말하고 있다.

새단어

이끌다	제시하다	나아가다	의구심	확신
달성하다	성찰	단계		

1분 목표 설정

제일 먼저 내가 스스로에게 가르치고자 하는 것이 무엇인지 조용히 생각해 보는 시간을 갖는다. "9월 7일 나는 한국어능력시험 5급에 붙는다. 하늘을 날아갈 듯이 기쁘고 자랑스럽다."와 같이 1인칭 현재 시점으로, 이미 목표를 달성한 셈치고, 미리 그 기분을 적는다. 이때 1분 안에 반복해서 자주 읽어 볼 수 있도록 간략하게 적고 달성 날짜도 구체적으로 적는다.

1분 칭찬 실천

내가 뭔가 잘한 일이나 옳은 일을 했을 때에는 즉석에서 스스로를 칭찬한다. 물론 스스로를 칭찬하기란 쉽지 않다. 그렇지만 자기가 잘한 일이나 잘한 편에 드는 일이 무엇인지 구체적으로 자신에게 말해주는 것은 중요하다. 내가 한 일에 대해 스스로 얼마나 기분 좋게 느끼고 있는지를 자신에게 말해 준다. 실제로 그런 기분을 만끽하기 위해 몇 초 동안 주의를 집중한다. 그리고 나 자신이 정말 훌륭한 사람이라는 사실을 상기하며 스스로에게 자부심을 불어 넣는다. 또한 자신이 그런 훌륭한 행동 방식을 계속 유지할 수 있도록 스스로를 독려한다. 나 자신과 나의 행동으로 인해 이런 좋은 기분 상태에 다시 빠져드는 게 얼마나 바람직한 일인지 스스로 생각해 본다.

1분 성찰

처음 30초간은 목표에 부합하지 않은 행동을 하는 즉시 그 사실을 깨닫도록 노력한다. 내가 무엇을 잘못했는지, 즉 내가 배우고자 하는 것을 스스로에게 가르치는 것을 방해하는 것이 무엇인지 아주 구체적으로 자기 자신에게 말한다. 그리고 조용히 자신의 실수를 마음 속 깊이 느끼는 시간을 갖는다.

나머지 30초간은 옳지 않은 행동을 한 것은 사실이지만 그 행동과 나라는 사람 자체는 별개임을 상기한다. 자신의 실수에 연연하는 한 앞으로 나아갈 수 없다. 자신의 행동을 바로잡고 스스로를 긍정적인 시각으로 바라본다. 스스로에게 자신이 배우고자 하는 것을 가르친다. 그릇된 행동 방식을 바꾸고 성찰을 통해 행동을 다듬도록 한다.

새단어

설정	구체적으로	만끽하다	상기하다	자부심
행동 방식	독려하다	깨닫다	별개	그릇되다
부합하다	연연하다	바로잡다	바람직하다	

1. 여러분의 목표를 앞에서 제시한 조건에 맞게 써 보세요.

(1) 목표를 쓸 때는 어떻게 ?

-
-
-

(2) 나의 목표

2. 읽은 내용과 다른 것을 고르세요.

(1) 성찰을 통해 잘못된 행동 방식을 다듬고 자신을 독려할 수 있다.

(2) 목표를 설정할 때는 이미 달성한 목표를 상기해보고 설정해야 한다.

(3) 하루 3분만 투자하면, 책에서 말한 대로 자신의 멘토를 찾을 수 있다.

(4) 자신을 이끌 수 있는 가장 적합한 사람은 그 자신이라고 말하고 있다.

3. 여러분은 평소에 자기 자신에게 칭찬을 하는 편입니까? 칭찬이 주는 긍정적인 효과를 말해 보세요.

4. 여러분은 매일, 혹은 자주 자신을 되돌아보고 반성하는 시간을 갖습니까? 이런 시간을 갖는 것이 왜 필요하다고 생각합니까?

5. 힘들 때 마음에 위로가 되었던 말이 있다면 무엇입니까?

의사소통활동

● 다음 몇 사람의 고민을 잘 읽고 여러분의 의견을 조언해 주세요.

고민

저는 요즘 모든 일에 자신감이 없어졌습니다. 취업 면접에서 몇 번 고배를 마신 후에는 제 자신이 너무 보잘것없는 존재로 느껴지고 자신이 없어졌습니다. 다른 사람들은 모두 저보다 뛰어난 것 같고 저는 항상 그 사람들보다 못한 것 같아 제가 너무 한심하게 느껴집니다. 요즘 들어 저 자신이 너무 작아진 것 같아 괴롭습니다. 어떻게 하면 예전처럼 자신 있게 지낼 수 있을까요?

나의 조언

● 다음을 함께 생각해 보고 이야기해 보세요.

1. 어떻게 하면 자신감을 회복할 수 있을까요?

2. 열등감을 이길 수 있는 방법에는 어떤 것들이 있을까요?

3. 어떻게 하면 자신을 사랑하게 될까요?

고민

저는 남자 친구와 사귄 지 2년이 다 되어 갑니다. 그런데 사실 제게는 고민이 있습니다. 남자 친구가 저를 사랑하기 때문이라는 것은 알고 있지만 저를 너무 구속합니다. 다른 남자들이 있는 자리에는 가지도 못 하게 하고 밤 늦게 집에 가는 것, 짧은 치마나 깊게 파인 옷을 입는 것 등은 꿈도 못 꾸게 합니다. 가끔 제 휴대폰을 확인할 때도 있고, 모르는 사람의 전화번호라도 있으면 농담 반 진담 반으로 누구냐며 꼬치꼬치 묻기도 합니다.

처음에는 저를 너무 사랑해서 그렇겠지 하며 은근히 기분이 좋기도 했지만 이젠 너무 구속하는 것 같아 답답하기도 하고 원망스럽기도 합니다.

나의 조언

● 다음을 함께 생각해 보고 이야기해 보세요.

1. 사랑하는 남녀 사이에서 구속은 필요한 것일까요?

2. 남자 친구의 지나친 간섭을 어떻게 줄일 수 있을까요?

3. 두 사람의 관계를 계속 유지하는 게 나을까요?

고민

저는 지금 대학교 3학년의 평범한 남학생입니다. 오래 전부터 아버지와의 사이가 불편하고 어려워서 마음이 많이 불편합니다. 어렸을 때부터 아버지는 늘 엄하시고 바쁘셨고 저 역시 중고등학교 때에는 학교 생활에만 매달리다 보니 아버지와 함께 할 시간이 많지 않았습니다. 요즘은 아버지와 식사를 해도 대화 없이 각자 식사만 하게 되고 혹시나 같이 길을 걸을 일이 있어도 저만치 떨어져 마치 모르는 사람처럼 걸어가게 됩니다.

가끔 아버지와 술자리를 함께 한다는 친구들을 보면 좋아 보입니다. 저도 그런 시간을 갖고 싶은데 좀처럼 쉽지가 않습니다.

나의 조언

● 다음을 함께 생각해 보고 이야기해 보세요.

1. 여러분은 자식에게 엄한 아버지와 친근한 아버지 중 어떤 아버지를 선호합니까?

2. 바람직한 아버지상은 어때야 한다고 생각합니까?

3. 여러분은 아버지를 대하는 태도와 어머니를 대하는 태도가 다릅니까?

문형

1 -(으)ㄴ/는 셈 치다

앞의 내용이 어떨 것이라고 가정하고 뒤의 내용을 한다는 의미이다.

- 자꾸 맞서 싸우지 말고 져 주는 셈 치고 양보하세요.
- 지난번에 승진 턱 낼 때 못 가서 미안해요. 가진 못했지만 먹은 셈 칠게요. 축하해요.
- 이미 배운 내용이지만 복습하는 셈 치고 다시 한번 들어 보세요.
- 제게 주려던 선물을 잃어버리셨다니 그냥 받은 셈 칠게요. 너무 속상해하지 마세요.
- 요즘 자동차가 너무 자주 고장이 나서 이제는 자동차 없는 셈 치고 그냥 대중교통을 이용하고 있어요.

● 다음 대화를 완성하세요.

(1) 가: 민호한테 빌려 준 돈 받았어?

나: 아니, 오늘 민호가 점심을 사 줘서 ______________________

(2) 가: 어? 이 휴대용 선풍기 어제 시장에서 산 거지? 작동 잘돼?

나: 응, 싸서 ______________________ 한번 사 봤는데, 아직까지는 괜찮아.

(3) 가: 이번 문제에 대해 다들 많은 생각들이 있네.

나: 응. 다들 생각이 좋은 것 같아. 아까 내가 한 이야기는 그냥 ______________________ 좋을 대로 결정해.

2 -기 나름이다

동사의 명사형 '-기'가 '나름이다'와 결합한 것으로서 어떤 일의 결과는 무엇을 하는지에 달려 있다는 뜻이다.

- 아무리 안 좋은 일이라도 생각하기 나름이에요. 좋은 쪽으로 생각하다 보면 실제로 일도 그렇게 될 거예요.
- 같은 재료를 이용해도 수십 가지 요리가 나올 수 있다. 모두 만들기 나름이다.
- 마음먹기 나름이에요! 마음을 강하게 먹으면 힘든 일도 이겨낼 수 있어요!
- 돈이 조금 모자라도 사고 싶은 물건을 살 수 있어요. 가게 아저씨에게 말하기 나름이에요.
- 그 운동선수는 신체적으로 문제가 있었는데도 열심히 연습해서 그 단점을 극복했어요. 그리고 굉장히 유명해졌어요. 쉽지 않은 일도 노력하기 나름인 것 같아요.

● 다음 대화를 완성하세요.

(1) 가: 다음 시험에는 합격할 수 있을까?

나: 합격, 불합격은 ________________________.

그러니까 이번에는 열심히 공부해 봐.

(2) 가: 엄마, 새 학교에서 친구들과 잘 지낼 수 있을까요?

나: 그럼, 잘 지낼 수 있어. 어쨌든 네가 친구들에게 따뜻하게 해 주면 친구가 많이 생길 거야.

____

(3) 가: 이번에 휴대폰을 고쳤는데 다음에 또 고장나는 거 아닐까요?

나: 모든 기계는 ________________________.

자꾸 떨어뜨리면 다시 수리하셔야 할 거예요.

3 -기란 쉽지 않다

동사의 명사형 '-기'와 결합된 것으로 무엇을 한다는 것은 쉽지 않다는 의미이다.

- 누구나 그런 상황에서 화를 참기란 쉽지 않았을 거다.
- 어린 아이들이 과자를 앞에 두고 기다리기란 쉽지 않은 일이다.
- 그렇게 완벽한 사람을 만나기란 쉽지 않다.
- 좋은 부모가 되기란 쉽지 않은 일이다.
- 나의 전공과 다른 분야의 책을 읽고 이해하기란 쉽지 않다.

● 다음 대화를 완성하세요.

(1) 가: 다음 달에 미국으로 유학을 가는데 외국 생활이 힘들겠지?

나: 그 나라 언어도 모르고 음식도 안 맞으면 ________________. 그런데 너는 영어도 잘하고 음식도 잘 먹으니까 걱정할 것 없어.

(2) 가: 다음 주말에 설악산 등반을 하려고 해. 설악산 가 봤어?

나: 정상까지 ________________. 가기 전에 준비운동 좀 해야 할걸.

(3) 가: 요즘에도 밤에 잠을 잘 못 주무세요?

나: 네, 자다가 한번 깨면 다시 ________________. 매일 피곤해요.

4 -는 한 -(으)ㄹ 수 없다

앞의 내용이 계속되면 뒤의 내용은 할 수 없다는 의미이다.

- 이 공식을 외우지 않는 한 이 문제를 풀 수 없다.
- 밤 늦게 야식을 먹는 한 절대 살을 뺄 수 없다.
- 네가 노력을 하지 않는 한 뜻한 바를 이룰 수 없다.
- 자신의 마음을 열지 않는 한 진정한 친구를 얻을 수 없다.
- 불친절한 태도로 계속 손님을 대하는 한 가게 매출 성장은 기대할 수 없다.

● 다음 대화를 완성하세요.

(1) 가: 남자 친구랑 빨리 화해하는 게 좋지 않아?

나: 그 사람이 먼저 사과하면 화해할 생각도 있어.

그런데 ______________________________.

(2) 가: 이번에도 장학금 받을 수 있겠지?

나: 시험에서 좋은 점수를 받아야 하는데 알바를 하느라 복습할 시간이 없어. 어떡하지? ______________________________

(3) 가: 지금 가면 기차를 탈 수 있을까?

나: 지금이 8시 40분인데, 8시 50분까지는 서울역에 도착해야 할걸.

____

03 찬성과 반대

말하기

주제에 대한 자신의 의견 말하기

읽기

이중 국적을 허용하다 / '님비' 갈등 대신 대화로!

문형

-기는요 / -기는 -은데 / 굳이 -다면

말하기

- 여러분 주변에서 찬성과 반대의 의견을 묻는 상황은 보통 언제, 어디에서 일어나게 됩니까?
- 찬성과 반대의 의견을 나누는 자리에서 여러분은 자신의 의견을 강하고 분명하게 표현하는 편입니까, 그렇지 않은 편입니까?
- 상대방의 의견에 반대하는 말을 할 때 자칫 상대방의 감정을 상하게 하기 쉽습니다. 어떻게 할 경우 상대의 감정을 상하게 할까요? 그리고 그렇게 하지 않기 위하여 무엇을 주의해야 할까요?

듣기

- 다음은 하나와 마이클이 사형 제도에 대해 이야기하고 있습니다. 누가 찬성을 하고 누가 반대를 하는지 잘 들어 보고, 질문에 답하세요.

1. 다음 빈칸을 채우세요.

(1) 글쎄요. 그 말도 ____________________ 가 있지만 저는 생각이 좀 달라요.

(2) 꼭 죗값을 죽음으로 ____________________ 할까요?

(3) 범죄 예방 효과가 ____________________ 사형 제도가 있지만 꾸준히 범죄가 늘고 있어요.

2. 하나와 마이클은 사형 제도에 대해서 각각 어떤 생각을 가지고 있습니까?

3. 다음 중 대화의 내용과 다른 것을 모두 고르세요.

(1) 한국은 사형 제도를 곧 폐지할 것이다. ☐

(2) 하나는 사형 제도 말고 다른 벌이 필요하다고 생각한다. ☐

(3) 마이클은 하나의 생각이 모두 틀렸다고 생각한다. ☐

(4) 한국에서 사형 제도를 반대하는 사람들이 많아지고 있다. ☐

Track 03

대화

하나	어제 사형수들에 대한 영화를 봤는데 정말 슬펐어요. 사형은 또 다른 살인인 것 같아요.
마이클	글쎄요. 그 말도 일리가 있지만 저는 생각이 좀 달라요. 죄를 지었으면 그에 대한 죗값을 치러야 해요.
하나	꼭 죗값을 죽음으로 치러야 할까요? 죄는 미워하되 사람은 미워하지 말라는 말도 있잖아요.
마이클	하나 씨 말도 맞기는 맞는데, 그렇지만 피해자 가족들은 죄와 사람을 떨어뜨려서 생각할 수 없을 거예요.
하나	사형 말고도 다른 벌을 줄 수도 있다고 생각해요. 가령 죽을 때까지 감옥에서 반성하게 한다든지···
마이클	제가 알기로는 한국에는 사형 제도가 있다고 하던데요.
하나	네, 사형 제도를 폐지하자는 목소리가 점점 커지고 있는데, 헌법재판소에서 사형 제도를 유지하기로 결정했어요.
마이클	사형 제도가 범죄 예방 효과도 있어서 필요하다고 판단한 모양이네요.
하나	범죄 예방 효과가 있기는요. 사형제도가 있지만 꾸준히 범죄가 늘고 있어요. 그리고 사형제도를 폐지한 나라에서도 범죄가 더 늘지는 않았다고 해요.

● 옆 사람과 이야기해 보세요.

여러분 나라에는 사형제도가 있나요?	
사형제도는 필요할까요? 그 이유는 무엇인가요?	

새단어

사형수	살인	일리	죗값
치르다	가령	감옥	폐지
유지하다	범죄	예방	판단하다

어휘 확장

민수

저는 사형 제도가 꼭 필요하다고 생각해요.
만약 사형 제도가 없다면 강력 범죄가 더 많아질 거예요.

● 다른 사람의 의견에 동의할 때

제 생각도 같아요. (나의 의견)
저도 그렇게 생각해요. (나의 의견)
저는 ○○ 씨 말에 동의해요. (나의 의견)
저도 ○○ 씨와 같은 생각이에요. (나의 의견)

가: 저도 민수 씨 말에 동의해요. 나쁜 일을 해도 그냥 감옥에서 살 수 있으니까 죄를 저지를 때 벌 받을 걸 무서워하지 않을 거예요.

나: 저도 그렇게 생각해요. 무서운 범죄를 저지를 때, 잡혀도 감옥에 가면 그만이라고 생각할 거예요. 죽을 수 있다고 생각하면 범죄를 저지르기 전 다시 한번 생각할 거예요.

나의 의견

___

___

● 다음 의견에 동의하고 내 의견을 덧붙여 보세요.

한국어 수업 시간이 더 길어지면 좋겠어요. 하루 4시간으로는 조금 부족한 것 같아요.

___

___

___

● 다른 사람의 의견에 반대할 때

저는 좀 생각이 달라요. (나의 의견)
저는 그렇게 생각하지 않아요. (나의 의견)
저는 ○○ 씨와 좀 다른 생각이에요. (나의 의견)
○○ 씨 말도 맞기는 맞는데, (나의 의견)

● 자신의 의견을 부드럽게 말할 때

내가(제가) 듣기로는
내가(제가) 알기로는
내가(제가) 보기로는(생각하기로는)

다: 저는 민수 씨와 좀 다른 생각이에요. 제가 알기로는 사형 제도를 폐지한 많은 나라에서 강력 범죄가 더 늘어나지 않았다고 해요. 그리고 사형 제도를 유지하는 나라에서 강력 범죄가 줄어들지도 않고요.

라: '다' 씨 말도 맞기는 맞는데, 우리가 알고 있는 무서운 범죄를 저지른 사람들은 사형이 있건 없건 상관없이 그런 일들을 한대요. 그래서 사형제도는 강력 범죄를 줄이는 데 아무 도움이 되지 않는다고 생각해요.

나의 의견

● 다음 의견에 반대하고 내 의견을 덧붙여 보세요.

한국어 수업 시간이 더 늘어나면 좋겠어요. 하루 4시간으로는 조금 부족한 것 같아요.

읽기 I

- 여러분 나라는 이중국적을 허용하고 있습니까? 이중국적에 대한 여러분의 생각을 이야기해 보세요.

- 한국은 요즘 '단일민족'에서 '다문화 사회'로 바뀌고 있고, 교육 현장에서도 '다문화' 교육을 중시하고 있습니다. 한국 사회가 '다문화 사회'가 된 주요 요인이 무엇이라고 생각합니까?

- '등을 돌리다'는 무슨 의미일까요? 언제 쓸 수 있을까요?

● 다음은 이중 국적 허용에 대한 글입니다. 한국에서는 이중 국적을 허용하지 않았는데, 2011년 제한적으로 이중 국적을 허용하는 법이 발표되었습니다. 다음 글을 읽고, 물음에 답하세요.

이중 국적을 허용하다

2002년 어느 날, 인천 공항에는 수많은 기자들과 팬들, 그리고 안티팬들이 모여 한 사람을 기다리고 있었다. 그러나 그 사람은 한국 땅을 밟지 못하고 다시 미국행 비행기에 올라야 했다. 그 사람은 바로 1990년대 한국에서 왕성한 활동을 했던 A씨다.

A씨는 한국 국적과 미국 국적을 모두 가지고 있는 이중 국적자였다. 그의 인기만큼 그의 군입대에 대한 관심도 높아져갔다. A씨가 평소에 군대에 가겠다고 말을 했기 때문이다. 그러나 군대에 갈 것 같았던 A씨가 갑자기 미국 국적을 취득하면서 팬들에게는 실망을 주었고, 국민들—특히 남자들—의 분노를 샀다. 믿는 도끼에 발등이 찍혔다고 생각한 팬들과 국민들은 그에게 등을 돌렸고, 법무부는 그가 한국에 들어오지 못하도록 '입국 금지'를 내렸다.

한국은 어디에서 태어나든 상관없이 부모 중 한 명이 한국 국적을 가지고 있으면 그 아이에게 한국 국적을 준다. 그러나 그 나라에서 태어나면 그 나라 국적을 주는 국가들이 있어서 한국 국민이면서 동시에 다른 나라 국적을 가지게 된 국민들이 있다. 이 점을 이용해서 이중 국적을 취득하려고 원정 출산을 떠나는 산모들도 많았다.

한국 사회가 다문화 사회로 바뀌고 있고, 결혼 이민자들도 점점 많아지고 있다. 또 한국 국적을 갖고 싶어 하는 외국인들도 점점 많아지고 있다. 그러나 한국 국적을 취득하기가 까다롭고 한국 국적을 취득한 후에는 외국 국적을 포기해야 하기 때문에 최근 10년 동안 한국 국적을 취득한 사람은 5만 명 정도이지만 한국 국적을 포기한 사람은 17만 명에 가깝다고 한다.

이러한 문제들을 보완하고자 2011년 이중 국적에 대한 법률이 새롭게 바뀌었다. 이 법률에 의하면 한국 국적을 취득하더라도 외국 국적을 포기할 필요가 없다. 다만 한국에 있을 때는 외국 국적을 사용하지 않겠다는 약속만 하면 된다.

또 태어날 때부터 이중 국적을 가진 국민들—선천적 이중 국적자로 부모가 유학이나 해외 근무 중 태어난 아이들—은 성인이 되었을 때 하나의 국적을 선택해야 한다. 다만 남자의 경우 군대를 갔다 왔고, 한국에서 외국 국적을 사용하지 않겠다는 약속만 하면 이중 국적을 유지할 수 있다. 그러나 원정 출산으로 이중 국적을 가지게 된 아이들의 경우 이중 국적을 허용하지 않는다.

제한적으로 이중 국적이 허용되기는 했는데, 아직 한국 사회는 한국인의 이중 국적을 반대하는 사람들이 많다. 이중 국적을 가질 수 있는 사람들은 극소수이며, 그들 대부분이 경제적으로 부유하거나 교육을 많이 받은 사람들로 사회 지도층이 많기 때문이다. 또 그들이 이 제도를 악용할 수도 있다고 생각하기 때문이다.

1. 팬들이 가수 A씨에게 등을 돌린 까닭은 무엇입니까?

(1) 이중 국적자이기 때문에
(2) 미국 사람이기 때문에
(3) 입국이 금지되었기 때문에
(4) 약속을 지키지 않았기 때문에

2. '믿는 도끼에 발등 찍힌다'는 무슨 뜻일까요? 이 속담이 어울리는 상황을 만들어 보고 이야기해 보세요.

3. 읽은 내용과 다른 것은 무엇입니까?

(1) 외국 국적을 가지고 있는 외국인은 한국 국적도 함께 가질 수 있다.
(2) 외국에서 태어난 한국 아이들도 20세 전까지 이중 국적을 가질 수 있다.
(3) 이중 국적 제도를 악용할 것을 우려해 이 제도를 반대하는 사람들이 많다.
(4) 한국에서 외국 국적을 사용하지 않겠다는 약속을 하면 누구나 이중 국적을 가질 수 있다.

새단어

이중 국적	허용	제한적	안티팬	왕성하다	군입대	취득하다	분노
입국	금지	등을 돌리다	원정 출산	산모	다문화	보완하다	법률
선천적	유지하다	극소수	부유하다	제도	악용		

읽기 II

● 다음은 강연의 일부입니다. 강연을 잘 듣고 물음에 답하세요.

1. 님비 현상과 핌피 현상이란 무엇입니까?

님비 현상(Not in my back yard) :

핌피 현상(Please in my front yard) :

2. 이와 같은 현상이 일어나는 원인은 무엇입니까?

3. 다음 밑줄 친 단어에 유의하여 문장 의미를 파악해 보세요.

<u>공공</u>의 이익과 개인의 이익은 일치하기도 하지만, 때로는 대립하거나 충돌하기도 한다. 이러한 <u>갈등</u>은 다양한 원인에서 비롯되지만, 국가가 공익을 추구하는 과정에서 개인의 권리를 침해하거나 개인이 지나치게 자신의 자유와 <u>권리</u>를 주장할 때 <u>초래된다</u>.

'님비' 갈등 대신 대화로!

서울의 한 버스 차고지. 서울시가 천연가스 충전소를 설치할 예정이지만, 주민들이 반대해 공사가 일 년 이상 지연되고 있다. 천연 가스 충전소가 필요하기는 한데, 바로 옆에 학교가 있어 안전상의 문제가 있고, 충전소를 설치하면 집값이 떨어질 것이라는 게 주민들의 주장이다.

몇 해 전 제주도에선 해군기지 건설을 놓고 주민들과 해군 사이의 충돌이 끊이지 않았다. 부상자가 나왔고, 쉰 명이 넘는 주민이 경찰에 연행되었다.

우리나라 사회적 갈등 지수는 OECD 국가 가운데 네 번째로 높다. 적어도 내 집 앞에는 절대 혐오 시설을 허용할 수 없다는 님비 현상도 사회 갈등을 부추기는 요인 중 하나다.

님비 현상이 나타난 건 민주주의 성장과 함께 자기 권리를 찾겠다는 목소리가 높아진 결과로도 볼 수 있다. 하지만 어느새 굳어져 버린 우리의 왜곡된 정서와도 무관하지 않다. '목소리 큰 사람이 이긴다', '우는 자식 떡 하나 더 준다'는 그런 정서다.

여기에 급격한 산업화 이후 맞닥뜨린 빈부 격차도 손해 봐서는 안 된다는 심리를 자극했다. 또 정부의 밀어붙이기식 정책도 님비 현상을 부추기는 데 한몫을 했다. 설득하기보다는 희생을 강요하고, 여기에 주민들이 단지 돈 때문에 반대를 한다고 생각하면서 정부와 주민의 갈등이 심해졌다. 그러나 해결 방법이 없는 것은 아니다.

경기도 구리시의 명물인 구리 타워. 이 건물에는 전망대와 레스토랑이 들어서 있지만 사실 쓰레기 소각장이다. 처음에는 주민들의 반발이 거셌지만, 꼭 필요한 시설이란 인식이 확산되면서 지자체와 주민들 모두 힘을 모았다. 구리시는 소각장 장소를 주민들이 스스로 선정하라고 맡겼고, 마침내 혐오 시설이라던 소각장은 매년 30만 명이 찾는 지역의 명소로 거듭났다.

구리시 환경소장은 1~2년 전부터 반상회를 통해서 쓰레기 소각장을 짓겠다고 시민들에게 수시로 알렸고, 어떻게 하면 가장 편한 시설들을 만들 수 있을지, 그리고 좋은 시설을 만들 수 있을지를 시민들과 공유했다고 한다.

이와 같이 힘으로 문제를 풀기보다는 대화와 협력을 통해 문제를 해결한다면 서로에게 좋은 결과가 있을 수 있다. 대화와 협력, 우리 사회에 꼭 필요한 요소이다.

새단어

갈등	이기주의	성장	왜곡되다	급격하다	빈부격차
밀어붙이기	공공	이른바	권리	정서	산업화
맞닥뜨리다	혐오	민주주의	굳어지다	무관하다	심리
자극하다					

1. 님비 현상이 심해지는 원인이 <u>아닌</u> 것은 무엇입니까?

(1) 보상 문제　　(2) 빈부 격차　　(3) 정부의 태도　　(4) 민주주의 성장

2. 읽은 내용과 <u>다른</u> 것은 무엇입니까?

(1) 구리시의 명물은 혐오시설 중 하나인 쓰레기 소각장이다.

(2) 님비현상은 '우는 자식 떡 하나 더 준다'는 정서와 관계가 없다.

(3) 구리시처럼 정부와 대화와 협력을 통해 문제를 해결해 나가야 한다.

(4) 님비현상이 심해지는 이유에는 지역 이기주의뿐만 아니라 국가의 책임도 있다.

3. 여러분 나라도 이와 비슷한 문제로 갈등하는 일이 있습니까?

Track 04

님비 현상이란 'Not in my back yard' 의 앞 철자를 따 와서 만든 단어로, 쓰레기 소각장, 분뇨 처리장, 화장장, 원자력 발전소 등 필요한 시설이지만 '우리 동네는 안 된다' 며 거부하는 현상을 말합니다. 반면 핌피 현상이란 '님비 현상' 의 반대적인 개념으로 자기 지역에 이득이 되는 시설을 유치하려고 서로 경쟁하고 싸우는 현상을 말합니다.

이러한 현상은 지방자치의 확대에 따라 나타나는 '지역 이기주의' 의 한 형태입니다. 과거에는 주로 혐오 시설을 기피하는 님비 현상만이 문제가 되었으나, 요즘에는 지방자치단체에서 수익 사업을 적극적으로 추진하면서 경제적으로 이익이 되는 시설을 자신의 지역에 유치하려는 핌피 현상 역시 문제가 되고 있습니다.

새단어

부추기다	몫	희생	강요하다	초래하다	명물
소각장	반발	거세다	시설	인식	확산되다
선정하다	반상회	거듭나다	수시로	협력	요소

의사소통활동

● 다음 글을 읽고 찬성하거나 반대를 해 보세요.

학생 체벌금지

학교에서 학생 체벌을 전면 금지하기로 하면서 이에 대해 찬반 의견이 많다.

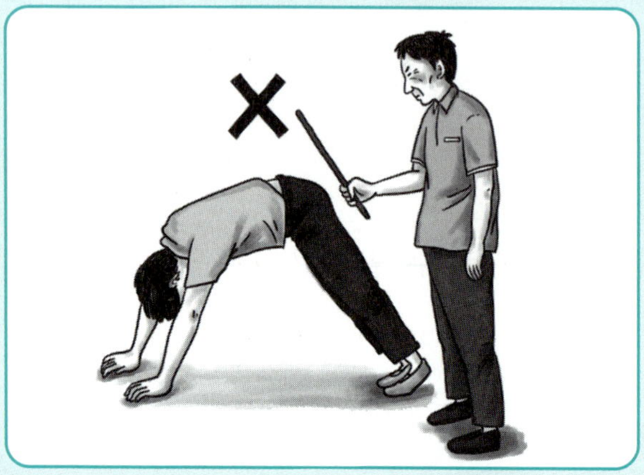

찬성 입장

"당연히 찬성이죠. 그동안 '사랑의 매' 라는 이름으로 맞은 적이 몇 번 있었어요. 그런데 선생님이 우리를 사랑하기 때문이 아니라 화가 났기 때문에 때린다는 느낌이었어요. 집에서도 맞지 않는 매를 학교에서 맞으니까 더 기분 나쁘고 선생님이 미웠어요."

반대 입장

"요즘 학생들은 교사를 존경하기는커녕 말도 듣지 않는데 체벌까지 금지하면 어떻게 아이들을 지도합니까? 물론 교사의 감정이 섞인 매는 문제가 있지만, 아이들을 지도하기 위한 체벌은 필요하다고 봅니다."

새단어

체벌 금지 전면 매

동성 결혼

동성 연애를 인정하지 않는 한국 사회의 분위기 때문에 동성 연애자들은 자신들의 상황을 숨기기 일쑤였다. 그러나 점점 사람들의 생각이 바뀌기 시작하면서 당당하게 자신이 동성 연애자라고 밝히는 사람들이 늘고 있다. 그렇지만 아직 동성 결혼에 대해서는 찬성과 반대 입장이 팽팽하게 맞서고 있다.

찬성 입장

"사랑하는 사람과 결혼해서 가정을 이루는 것은 행복한 삶을 위한 기본입니다. 동성 연애자들도 행복할 권리가 있습니다. 이제 우리 사회도 열린 마음으로 그들을 인정해야 합니다.

반대 입장

"남녀가 결혼해서 아기를 낳는 것은 아주 자연적인 일입니다. 따라서 동성이 결혼하는 것은 자연의 원칙에 맞지 않습니다. 한번 동성 결혼을 인정하기 시작하면 동성끼리 결혼하는 일이 많아질 것이고, 그러면 아이는 어떻게 낳습니까?"

새단어

동성　상황　팽팽하게　맞서다　권리　인정하다　원칙

원자력 발전소

한국은 석유가 한 방울도 나오지 않는다. 그래서 전력 소비의 약 40% 가까이를 원자력 발전소에 의존하고 있다. 현재 한국에는 원자력 발전소가 21개 있고, 앞으로 더 건설할 계획이다.

찬성 입장

"우리나라는 석유가 한 방울도 나오지 않습니다. 그렇지만 전기 사용량은 OECD 국가 사용량의 평균 1.7배입니다. 이런 상황에서 원자력 발전소까지 없으면 더 많은 석유를 수입해야 하고, 전기요금도 비싸질 것입니다."

반대 입장

"원자력 발전소는 언제 터질지 모르는 시한폭탄입니다. 지금 괜찮을지 모르지만 핵 폐기물은 우리 후손들에게 어떤 문제가 될지 모릅니다. 게다가 요즘은 지진과 같은 자연재해가 늘어나고 있습니다. 자연재해에 안전하다고 누가 말할 수 있겠습니까?"

새단어

원자력 발전소 전력 소비 시한폭탄 핵 폐기물 자연재해

문형

1 -기는요

상대방의 말을 가볍게 부정하거나 반박할 때 사용하며, 상대방이 칭찬을 했을 경우에는 칭찬에 대해 겸손한 표현이 된다.

- 가: 너 요즘 바쁜가 봐. 얼굴 보기 힘드네.
  나: 바쁘기는! 할 일 없어서 매일 집에서 잠만 자는데 뭐.
- 가: 그 사람 참 성실하지요?
  나: 성실하기는요! 그 사람 자주 지각하고, 결석도 하고 그래요.
- 가: 한국말을 정말 잘하시네요!
  나: 잘하기는요! 더 많이 연습해야 해요.

● 반 친구들과 서로를 칭찬해 줍시다. 칭찬을 받은 사람은 겸손하게 '-기는요'를 사용해서 말해 보세요.

2 -기는 -은/는데

앞의 사실 뒤에 예상하지 못하거나 반대인 결과가 올 때 사용한다.

동사나 형용사가 두 번 반복되지만(예: 가기는 가는데, 예쁘기는 예쁜데), 뒤에 나오는 동사나 형용사는 '하다'로 대신하기도 한다.(예: 가기는 하는데, 예쁘기는 한데)

- 숙제를 하기는 했는데, 집에 두고 왔어요.
- 한국어가 재미있기는 재미있는데, 조금 어려워요.
- 비가 오기는 하는데, 많이 오지 않아서 외출을 해도 될 것 같아요.
- 어제 잠을 못 자서 졸리기는 한데, 할 일이 아직도 많아서 잘 수가 없어요.

● 다음 질문에 '-기는 -은/는데'를 사용하여 대답해 보세요.

(1) 족발 좋아해요?

(2) 중국어 읽을 줄 알아요? 배웠어요?

(3) 수박이 먹고 싶은데 요즘 나왔는지 모르겠네.

(4) 비행기에 액체종류를 가지고 타도 돼요?

3 굳이 -다면

말하는 사람은 그 일이 마음에 들지 않지만 상대방이 고집을 부려 그렇게 하려고 한다면 어쩔 수 없다는 뜻으로 부사 '굳이'와 가정법의 '-ㄴ/는다면'이 함께 쓰인 문법이다.

- (하면 좋겠지만) 굳이 싫다면 하라고 하지 않을게요.
- (내 생각에는 안 추운 것 같지만) 굳이 춥다면 히터를 켜 드릴게요.
- (안 가면 좋겠지만) 굳이 간다면 잡지는 않겠어요.
- (삼겹살은 다이어트에 안 좋지만) 굳이 먹겠다면 조금만 드세요.

● 다음 상황에서 나는 어떤 말을 하면 좋을지 '굳이 -다면'을 사용하여 말해 보세요.

(1) (나는 내일 이사를 한다. 거절을 해도 친구 B씨가 와서 도와주겠다고 계속 말을 한다.)

"B씨, 굳이 ________________________________"

(2) (내가 보기엔 별로 필요하지도 않고 좋아 보이지도 않는 자전거를 동생이 자꾸 사고 싶어 한다.)

"야, 굳이 ________________________________"

(3) (함께 등산을 하는 친구가 등산을 시작한 지 20분도 안 되었는데 힘들다며 쉬었다 가자고 조른다.)

"알았어, 굳이 ________________________________"

(4) (친구에게 찜질방에 가자고 했는데 친구가 가기 싫어하는 얼굴을 하고 있다.)

"굳이 ________________________________"

04 통계와 그래프

말하기

조사 결과 보고 말하기

읽기

고학력 · 고임금 여성, '결혼은 미친 짓?' / 통계의 매력과 한계

문형

-은 경향이 있다 / -은 것은 말할 것도 없고
-다든가 / -기에

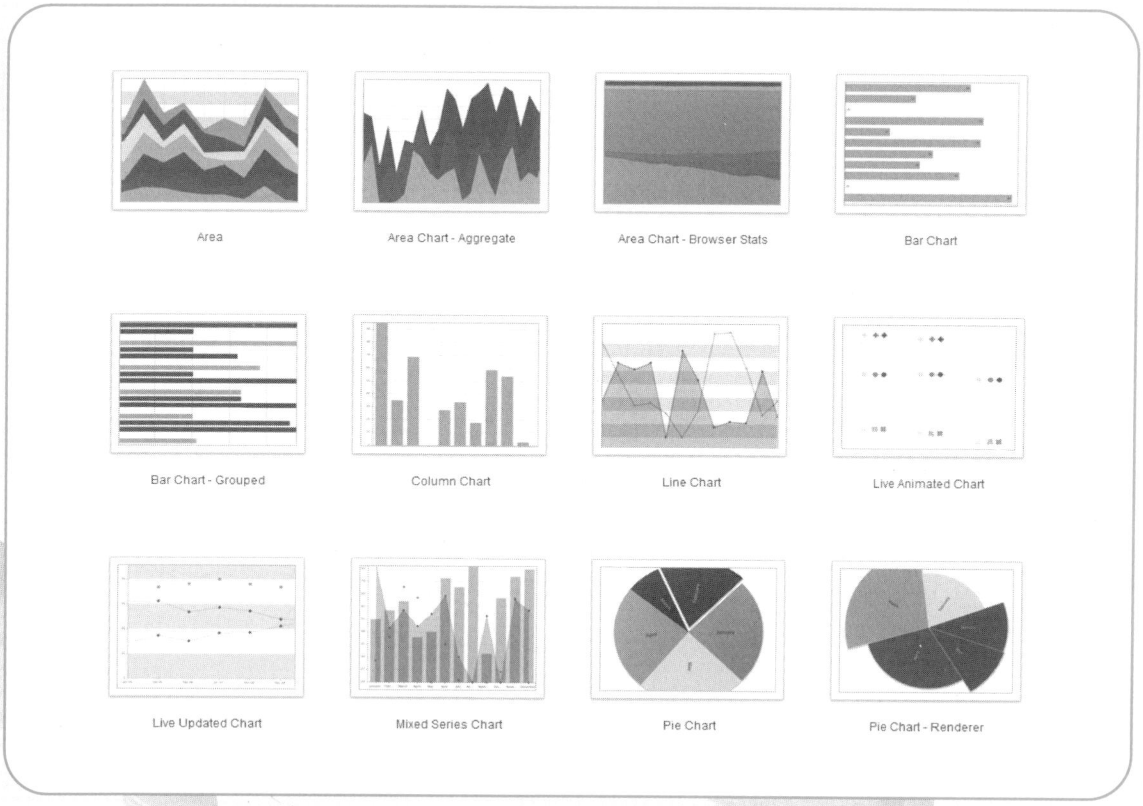

말하기

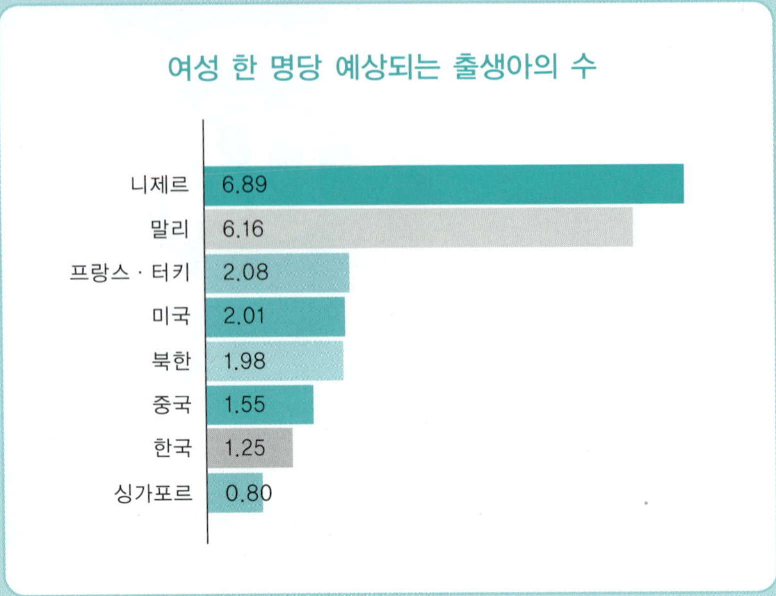

- 위 그래프는 무엇을 나타내는 것입니까?
- 여러분 나라의 출산율은 어떻습니까? 그 사실에 대해서 어떻게 생각하십니까? 과거와 비교하면 어떻게 달라졌습니까?

듣기

- 다음은 한국의 출산율과 고령화 사회에 대한 민호와 지선의 대화입니다.

1. 다음 대화를 잘 듣고 맞는 것을 고르세요.

(1) 요즘 초등학교 학생들이 늘어나는 추세이다. ☐

(2) 학생 수가 부족하여 문을 닫는 초등학교도 있다. ☐

(3) 평균 수명은 점점 늘어나고 있다. ☐

(4) 저출산과 고령화 사회는 관계가 있다. ☐

(5) 저출산을 막기 위한 사회적인 제도가 이미 마련되었다. ☐

2. 지선과 민호의 대화에서 저출산의 원인으로 지적하고 있는 것은 무엇입니까? 그 밖에 여러분이 생각하는 저출산의 원인은 무엇입니까?

Track 05

지선 　요즘 초등학교 학생들의 수가 점점 줄어들어서 심지어 어떤 학교는 폐교하는 경우도 있대.

민호 　하긴 한국 출산율이 낮아지는 경향이 있으니 초등학교 학생 수가 줄어드는 건 당연한 일이겠지.

지선 　신문이나 뉴스에서 저출산의 심각성에 대해 말할 때마다 별 생각 없이 들어 왔는데 한 번쯤은 진지하게 생각해 볼 필요가 있을 것 같아.

민호 　맞아. 출산율은 낮아지고 있는데 평균 수명은 점점 늘어나고 있잖아. 점차 고령화 사회가 되어 가면서 생길 사회적 문제들도 잘 생각해 봐야 될 거야.

지선 　음…… 내가 빨리 결혼을 해서 아이들을 많이 낳는 것도 출산율을 높이는 하나의 방법이 되겠지?

민호 　그래, 너라도 한국의 출산율을 높이는 데 공헌을 해 봐. 하하.

지선 　그러려면 아이들 양육비와 교육비는 말할 것도 없고 노후 자금도 준비하기 위해 나이가 들어서도 오랫동안 할 수 있는 일을 잘 찾아봐야겠다.
아…… 그런 일이 뭐가 있을까?

민호 　그러게, 잘 생각해봐. 다들 그런 문제들 때문에 저출산으로 이어지는 거 아니겠어? 지금 같은 추세로 평균 수명이 계속 늘어난다면 직업을 구할 때도 오랫동안 할 수 있는 일인가를 먼저 생각해 봐야겠는걸.

지선 　노후를 준비하는 일도 필요하겠지만 그보다 먼저 저출산을 막기 위한 사회적 제도가 마련되어야 돼. 출산 지원금을 준다든가 교육비를 지원해 준다든가 하는 제도말이야.

● 여러분 나라의 출산율은 어떤 특징을 가지고 있습니까? 나라별 특징을 간단하게 써 보세요.

나라	출산율의 특징

새단어

심지어	폐교	고령화 사회	공헌하다	양육비
노후 자금	이어지다	추세	저출산	마련되다

어휘 확장

● 다음은 그래프나 표 등의 자료를 분석할 때 많이 사용하는 용어입니다. 용어와 그 의미를 찾아 알맞게 연결해 보세요.

(1) 어떤 현상을 알아보기 쉽게 숫자로 나타낸 것	빈도 (빈도가 높다/빈도가 낮다)
(2) 같은 현상이나 일이 반복되는 횟수	평균 (월 평균/평균 수명)
(3) 여러 수의 중간값을 나타낸 수	순위 (순위 결정)
(4) 기본이 되는 표준	백분율 (백분율로 계산하다)
(5) 전체를 100으로 하여 그것에 대해 가지는 비율	오차 (오차가 나다/오차가 크다)
(6) 일정한 기준에서 벗어난 정도나 크기	통계 (통계 자료/통계를 내다)
(7) 실제로 계산한 값과 이론적으로 정확한 값의 차이	편차 (편차가 나다/편차가 생기다)
(8) 차례나 순서를 나타내는 것	기준 (평가 기준/기준을 세우다)

● 다음 질문에 같이 이야기해 보세요.

(1) 여러분은 한국어를 배우고 있는 학생들을 대상으로 통계를 낸다면 어떤 통계를 내보고 싶습니까?

(2) 여러분 책상의 폭을 재 보십시오. 학생 간의 오차가 얼마나 됩니까?

(3) 여러분은 평균보다 높은 것은 무엇이 있습니까? 그리고 평균보다 낮은 것은 무엇이 있습니까?

(4) 한국 사람을 대상으로 '○○의 /○○는 빈도'를 조사한다면 어떤 것을 조사해 보고 싶습니까?

(5) 오늘날 우리 사회에서 '부의 편차'가 심해지는 원인을 이야기해 보세요.

● 다음은 아래의 그래프를 보고 분석을 한 것입니다. 　　　　에 알맞은 단어를 보기에서 찾아 넣으세요.

보기

맞선 자리에서 가장 많이 하는 남녀의 거짓말

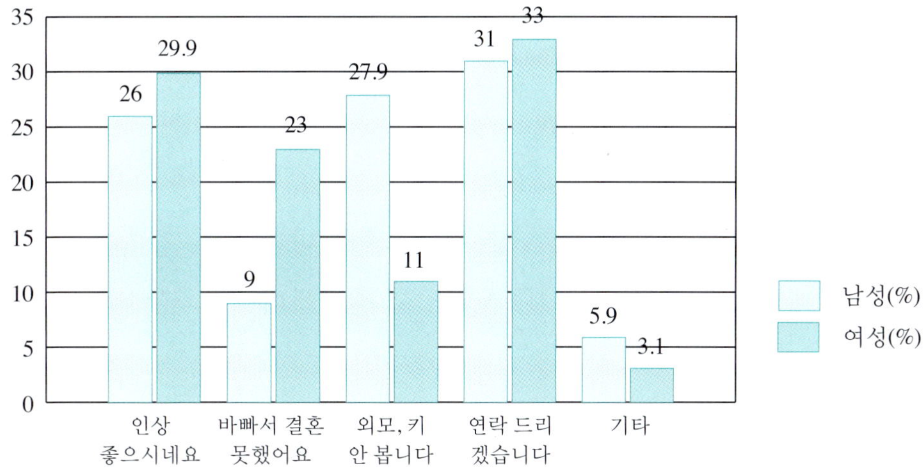

보기 순으로 나타나다 　　 반면에 　　 차지하다 　　 -에 따르면
뒤를 이어 　　 대상 　　 조사하다

결혼정보회사에서 미혼 남녀 784명을 ________________ 으로 '맞선 자리에서 가장 많이 하는 거짓말' 을 ________________ .

조사 결과 ________________ '연락 드리겠습니다' 가 남녀 각각 31%, 33%로 1위를 ________________ . 남성은 '연락 드리겠습니다' 의 뒤를 이어 '외모, 키 안 봅니다', '인상 좋으시네요', '바빠서 결혼 못 했어요' ________________ .

여성은 1위 '연락드리겠습니다.' 의 ________________ '인상 좋으시네요' 를 제일 많이 답했으며 '바빠서 결혼 못 했어요', '외모, 키 안 봅니다' 의 순으로 나타났다. 흥미로운 것은 '외모, 키 안 봅니다' 항목이 남성의 경우 31%로 2위를 차지한 ________________ 여성의 경우 4위 11%로 현저한 차이를 보였다는 점이다. 이 외에도 기타 여러 가지 대답들이 있었다.

● 다음 상반되는 두 가지의 그래프를 보고 어울리는 단어를 찾아 쓰세요.

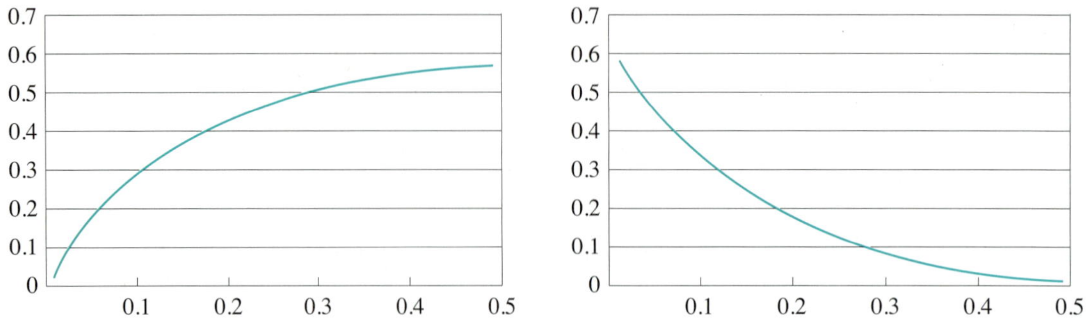

보기	오름세를 보이다	상승	늘어나다	증가하다	상향
	내림세를 보이다	하강	줄어들다	감소하다	하향

● 1급 때부터 지금까지 여러분의 한국어에 대한 흥미 그래프를 그리고 분석해 보세요.

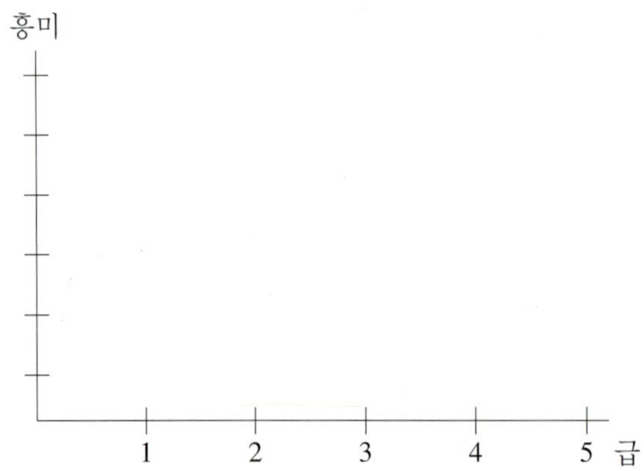

1. 급마다 오름세가 나타나는 이유를 말해 보세요.

2. 내림세를 보인다면 그때는 언제이며 원인은 무엇입니까?

읽기 I

● 다음 어휘들은 모두 '고-'가 붙은 단어들입니다. 다음 단어의 의미를 추측해 보고, 문장을 만들어 보세요.

(1) 고학력: ______________________

(2) 고임금: ______________________

(3) 고소득: ______________________

● 여러분 나라에서 결혼하기에 적당한 나이, 즉 결혼 적령기는 언제입니까?

● 다음 기사의 제목 '고학력 · 고임금 여성, 결혼은 미친 짓'은 무슨 의미일지 추측해 보세요.

● 다음 그래프는 무엇에 관한 것이며, 어떤 의미가 있습니까?

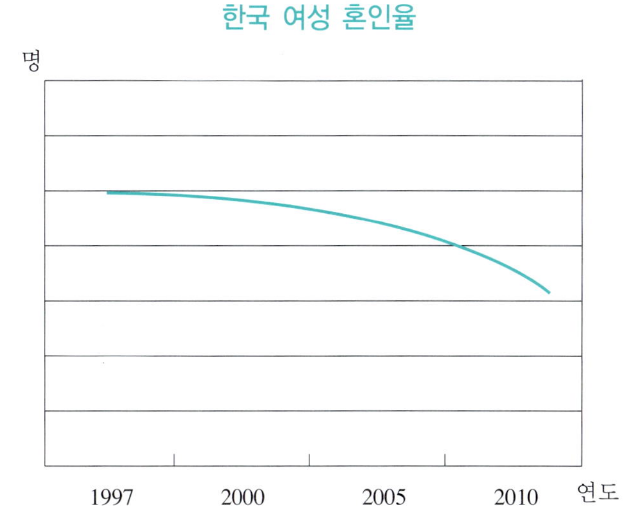

● 고학력/고임금은 결혼과 관계가 있을까요? 어떤 면에서 관계가 있을까요? 글을 읽고 다음 물음에 답하세요.

고학력 · 고임금 여성, '결혼은 미친 짓?'

여성의 임금과 학력 상승이 여성 결혼율에 어떤 영향을 미칠까? 한국개발연구원(KDI)은 17일 '출산율 감소 현황 및 요인 분석' 보고서에서 우리나라 젊은 여성들의 결혼이 늦어지거나 아예 결혼을 포기하는 현상은 여성의 임금 및 학력 상승과 밀접한 관련이 있다고 밝혔다.

보고서에 의하면, 우리나라 여성의 혼인율은 1997년 이후 지속적으로 내림세를 보이고 있으며, 1990년에는 결혼하는 여성 중 83.3%가 27살 이하였던 반면 2010년에는 그 비율이 35%에 불과할 정도로 결혼 연령이 늦어지는 경향이 있었다.

1993년부터 2010년까지 결혼이 늦어지거나 감소하는 원인을 분석한 결과, 여성의 임금 상승에 따라 여성의 결혼 확률이 낮아지는 것으로 분석되었다. 여성의 학력도 결혼 확률에 큰 영향을 미쳤다. 1993년에서 2010년 사이 인구 분포를 보면 고졸 이하 여성이 감소하고 대졸 이상 여성은 늘었다. 그러나 여성의 학력 향상으로 결혼 확률은 전반적으로 5.2~8.5% 줄어드는 것으로 집계됐다. 보고서에 따르면 여성의 임금 상승, 학력 향상 외에 자녀 양육 비용이나 주거 비용의 상승도 결혼 감소에 영향을 준 것으로 나타났다. 여성의 경우와 달리 결혼시장에서 남성의 실업, 남성의 임금 분포 등은 결혼 확률에 영향을 끼치기는 하지만 영향력이 상대적으로 크지 않았다.

- OO일보 2014. 3. 20 -

새단어

임금	영향을 미치다	현황	요인	밀접하다	지속적
불과하다	향상	전반적	집계되다	분포	영향력
상대적					

1. 위 내용과 다른 것은 무엇입니까?

(1) 여성이 받는 월급과 결혼율 감소는 관련이 있다.

(2) 결혼하는 평균 연령이 점점 낮아지고 있다.

(3) 여성이 공부를 많이 할수록 결혼율은 낮아진다.

(4) 남성의 월급은 결혼에 큰 영향을 주지 않는다.

2. 위의 보고서에서 여성 혼인율을 낮추는 요인들은 무엇입니까?

3. 다음은 여성 혼인율에 영향을 미치는 요인들입니다. 다음과 같은 결과가 나오는 이유를 같이 생각하고 이야기해 보세요.

(1) 여성의 임금 상승이 여성 혼인율을 낮추고 있다.

(2) 여성의 학력 향상이 여성 혼인율을 낮추고 있다.

(3) 자녀 양육 비용이나 주거 비용 상승이 여성 혼인율을 낮추고 있다.

읽기 II

● 통계와 그래프를 어디에서 많이 볼 수 있습니까?

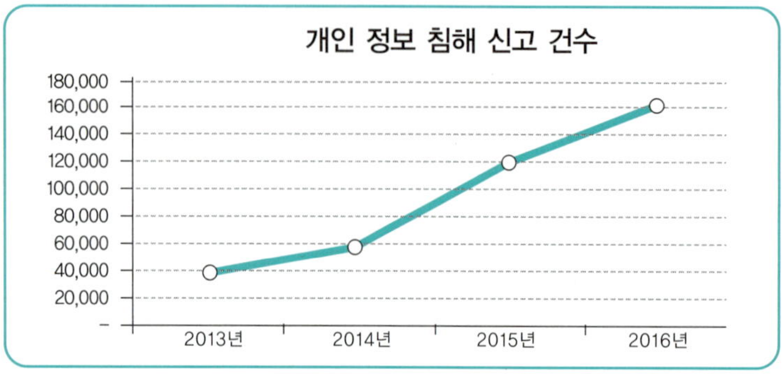

● 통계와 그래프가 있으면 어떤 점이 좋습니까?

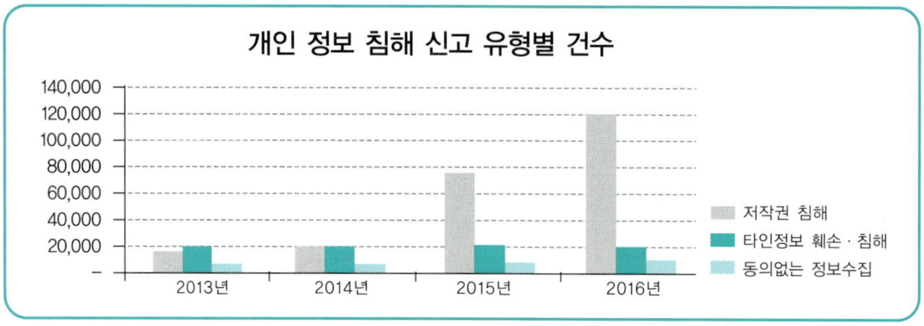

● 다음은 통계와 관계있는 단어입니다. 다음을 읽고 알맞은 단어를 쓰세요.

보기 오류 자료(데이터) 확률 예측 분석

(1) 실험이나 조사를 통해 얻은 사실이나 정보 : ____________

(2) 복잡한 것을 풀어서 나누는 일 : ____________

(3) 잘못되어서 맞지 않는 일 : ____________

(4) 미리 생각하고 추측하는 일 : ____________

(5) 일정한 조건에서 어떤 사건이 일어날 가능성 정도 : ____________

● 다음은 통계에 대한 글입니다. 글을 읽고 물음에 답해 보세요.

통계의 매력과 그 한계

실화를 바탕으로 한 야구 영화 한 편이 흥행한 적이 있다. 돈도 없고 실력 있는 선수도 없는 야구팀 이야기다. 이 팀의 리더는 새로운 도전을 하여 팀을 최강팀으로 이끈다. 그 도전은 바로 데이터를 분석한 결과를 활용하여, 팀을 운영하는 것이다. 많은 데이터 분석을 토대로 팀을 약팀에서 강팀으로 바꾼 것이다. 그들이 성공할 수 있었던 것은 여러 감독들이 가지고 있었던 편견을 버리고, 선수들의 객관적 데이터에만 의존하여 저평가된 선수들을 싼값에 데리고 왔기 때문이다. 실제 영화의 모델이 된 이 팀은 2002년 최강팀의 1/3 정도의 연봉을 쓰고서도 동일한 결과를 달성했다. 자료를 분석한 결과는 때로는 오랜 경험에서 오는 직관보다 훨씬 강하다. 이것은 통계를 바탕으로 한 과학적 분석의 힘을 확인할 수 있는 예이다.

통계의 활용을 잘 보여주는 예를 하나 더 소개해 보겠다.

미국의 어떤 검사는 사법 체계에 통계를 활용하여 범죄율을 줄였다. 그 전까지 사법 체계는 비효율적인 면이 많았다. 한 번 범죄를 저지르고 또다시 같은 범죄를 저지르는 재범률이 높아 범죄자들이 감옥을 제집처럼 드나드는 것은 말할 것도 없고 가벼운 죄를 지은 범죄자 상당수가 감옥에 장기간 있기도 했다. 검사는 재판에서 어떤 사람이 앞으로 범죄를 저지를지 그렇지 않을지 좀 더 정확하게 판단할 수 있다면, 사법 체계의 효율성도 높이면서 주민들의 생활을 전보다 더 안전하게 만들 수 있다고 생각했다. 그래서 이제까지 모인 범죄 기록 전체를 분석하여 재범이나 폭력 범죄를 결정하는 9개 주요 요인을 찾아낸 후, 어떤 사람의 미래 범죄 및 폭력 위험을 판단하는 시스템을 만들었다. 이 분석 결과는 판사들에게 제공되어 활용되었고, 범죄율은 크게 낮아졌다.

새단어

실화	흥행하다	최하위	몸값	데이터
구단	최강	토대	편견	저평가
달성하다	활용	직관	사법 체계	범죄율
비효율적	재범률	상당수	제공되다	

하지만 데이터의 통계적 분석이 모든 것을 알려주는 것은 아니다. 통계는 전체적인 추세에서 벗어나는 변화를 무시한다. 기본적으로 통계는 '한 사람 한 사람은 특수할 수 있지만, 전체적으로 보면 경향을 발견할 수 있고, 이런 경향이 계속해서 유지된다.' 라는 가정을 가지고 있다. '통계 자료를 분석한다' 는 것은 과거에 일어난 여러 사건에 존재하는 추세를 발견하여 모델을 만드는 것이다. 그리고 그 모델로 미래를 예측한다. 그렇기 때문에 과거와 다른 방식으로 행동하는 사람을 '우연히 나타나는 사소한 차이' 라고 여길 뿐이다.

그러나 이것은 심각한 문제일 수 있다. 사소한 차이는 작은 것이기는 하지만, 중요하지 않은 것은 아니기 때문이다. 예를 들어 나이가 어리고 폭력 범죄 경력이 있는 사람은 검사의 모델에 따르면 앞으로 폭력 범죄를 저지를 확률이 높은 사람이다. 이 사람이 범죄를 저지르지 않고 착하게 살 수도 있다. 그러나 이 사람은 통계대로라면 살면서 부당한 일을 당할 확률이 높다.

또한 통계는 그 자체로는 오류가 없지만, 그것을 의도적으로 이용하려는 사람들에게 좋은 자료가 되기도 한다. 상품 광고나 정치인들도 이러한 방법을 많이 사용한다. 자신에게 불리한 통계 자료를 숨기고 필요한 통계 자료만 보여 준다면 자신이 의도한 대로 보이게 할 수 있다.

이렇듯 통계는 어떠한 현상을 과학적이고 한눈에 볼 수 있는 반면에 그것을 의도적으로 이용할 수도 있기에 우리는 통계를 읽을 때 무조건 믿을 것이 아니라 그 이면을 들여다볼 수 있어야 할 것이다.

새단어

벗어나다	가정	사소하다	부당하다	자체	오류
의도적	불리하다	이면			

1. 다음 중 읽은 내용과 다른 것을 고르세요.

(1) 통계적 분석은 사회 · 경제뿐만 아니라 스포츠에서도 활용될 수 있다.

(2) 통계는 항상 오차를 포함하고 있기 때문에 주의해야 한다.

(3) 통계는 전체가 가지고 있는 일정한 경향을 보여 주는 자료이다.

(4) 통계는 그것을 어떻게 보여 주느냐에 따라 다른 결과를 만들어 낼 수 있다.

2. 다음은 이 글을 쓰기 위한 개요입니다. 빈칸에 알맞은 개요를 쓰세요.

도입	영화 속 통계가 사용된 예

↓

가운데	1.
	2. 통계의 단점 1 – 변화를 사소한 차이로 생각
	3. 통계의 단점 2 –

↓

끝	

의사소통활동

● 다음 그래프를 보고 이야기해 보세요.

- 주제 : 여름 추천 해외 휴양지
- 시기 : 2009년 7월
- 대상 : 승무원 2013명

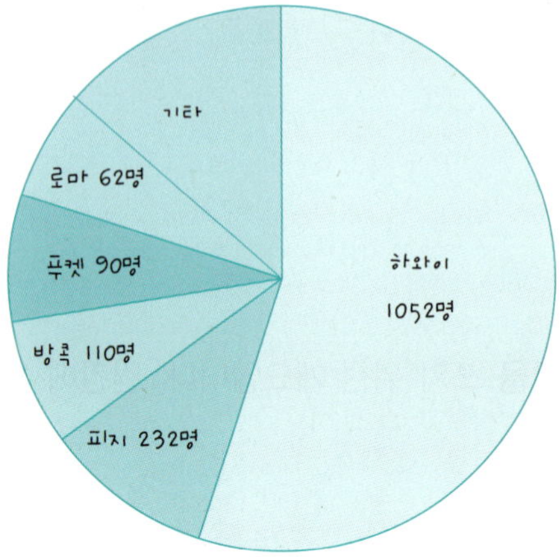

1. 위의 조사 결과에 대해 다음 표현을 이용하여 정리해 보세요.

보기					
대상	-에 따르면	꼽다	조사하다	순으로 나타나다	
답하다	뒤를 잇다	순위	차지하다	그 밖에	이외에도

2. 여러분이 추천하고 싶은 휴양지는 어디입니까? 그 이유도 함께 이야기해 보세요.

● 우리반 학생들을 대상으로 간단한 설문 조사를 하려고 합니다.

- 주제 : ______________________
- 시기 : ______________________
- 대상 : ______________________
- 방법 : ______________________

1. 설문지를 작성해 보세요.

2. 조사 결과를 표나 그래프로 그려 보세요.

3. 조사 결과를 쓰고 발표해 보세요.

문형

1 -(으)ㄴ/는 경향이 있다

어떤 현상이나 생각, 행동 등이 어떤 방향으로 기울어진다는 의미를 나타낸다.
'-(으)ㄴ/는 편이다'와 바꿔 쓸 수 있다.

- 그 사람은 재미있기는 하지만 다소 말이 많은 경향이 있다.
- 이 차는 다른 기능들은 모두 괜찮은데 엔진 소리가 큰 경향이 있다.
- 비가 오는 날에는 길이 더 막히는 경향이 있으니까 서둘러 나가세요.
- 한국 사람들은 밥을 빨리 먹는 경향이 있다.
- 충청도 사람들은 천천히 말하는 경향이 있다.

● 위 문형을 이용해서 말해 보세요.

(1) 가: ○○ 씨 나라의 인구는 어떤 경향이 있습니까?

나: ______________________________.

(2) 가: ○○ 씨 나라의 남자들은 어떤 경향이 있어요?

나: ______________________________.

(3) 가: ○○ 씨 나라의 경제는 어떤 경향이 있어요?

나: ______________________________.

2 -(으)ㄴ/는 것은 말할 것도 없고

앞에 이어지는 말은 당연한 것이고 뒤에 이어지는 말도 그러하다는 의미를 나타낸다.

- 그 가수는 노래 잘하는 것은 말할 것도 없고 춤 실력까지 좋아 인기를 한몸에 받고 있다.
- 저희 식당에 대해 말씀 드리자면 맛있는 것은 말할 것도 없고 분위기와 위치 또한 흠잡을 데가 없는 최고의 식당입니다.
- 미주 씨와 결혼할 남자는 성실한 것은 말할 것도 없고 차분하고 편안한 사람이더군요.
- 그 친구는 지각을 자주하는 것은 말할 것도 없고 약속도 자주 잊는다.
- 복습은 말할 것도 없고 예습도 해야 한다.

● 위 문형을 이용해서 말해 보세요.

(1) 가: 한국의 겨울 날씨는 어때요?

나: ______________________________.

(2) 가: ○○ 씨 친구는 어떤 사람이에요?

나: ______________________________.

(3) 가: 요즘 한국 생활이 어떻습니까?

나: ______________________________.

3 -(ㄴ/는)다든가 -(ㄴ/는)다든가 하다

여러 가지 사실 중에 어느 것을 선택하든지 상관이 없을 때 사용한다.
'-다든가 -다든가', '-다든가 -다든가 하다', '-다든가 하다'로 주로 쓰인다. '-ㄴ/는다든지'와 바꾸어 쓸 수 있다.

- 싫다든가 좋다든가 말을 해야 내가 알지.
- 어제 소개팅에서 만난 사람이 좋았다든가 싫었다든가 말을 안 한다.
- 그 아르바이트를 하겠다든가 안 하겠다든가 대답을 해 주세요.
- 전공을 정한다든가 대학교를 선택한다든가 할 때는 선배의 도움을 받는 게 좋다.
- 발목이 아프면 집에서 찜질을 한다든가 한의원에 가서 침을 맞아 본다든가 해라.
- 명절 때는 평소에 고마웠던 사람들에게 선물을 준다든가 감사 인사를 한다든가 한다.

● 위 문형을 이용해서 말해 보세요.

1. 가: 언제 가족 생각이 제일 많이 나요?
   나: ______________________________.

2. 가: 어떻게 하면 한국말을 잘할 수 있을까요?
   나: ______________________________.

3. 가: 진로를 결정할 때 어떻게 결정합니까?
   나: ______________________________.

4 -기에

어떤 상황의 이유를 나타낼 때 쓴다.

의문문에서는 뒤의 표현이 생략되는 경우가 많다.

'-기에'는 주로 옛날 표현을 살리고자 할 때 쓰며 말할 때는 주로 '-길래' 형태가 쓰인다.

- 사랑이 뭐길래?
- 그러기에 내가 평소에 공부 열심히 하라고 했잖아.
- 당장 필요한 물건은 아니었지만 세일을 하기에 미리 사 놓았다.
- 택시로 오려고 했지만 빈 택시가 안 보이길래 그냥 버스로 왔다.
- 날씨가 덥기에 창문을 좀 열어 놓았어요.
- 사람들이 길에서 그 음식을 너나 할 것 없이 사 먹기에 나도 한번 따라 사 먹어 봤다.

● 위 문형을 이용해서 말해 보세요.

1. 가: 나 이번에 시험 너무 못 봤어.

   나: ______________________________.

2. 가: 왜 또 구두 샀어? 구두가 너무 많은 거 같은데…….

   나: ______________________________.

3. 가: 창문을 열어 놓았네요.

   나: ______________________________.

05 생활의 지혜

말하기

제품 사용 설명서

읽기

요모조모 생활의 지혜 / 효과적인 외국어 학습법

문형

-기는 하지만 -기도 하다 / -거나 -거나 하면
-(으)ㄴ/는 만큼 / -더니

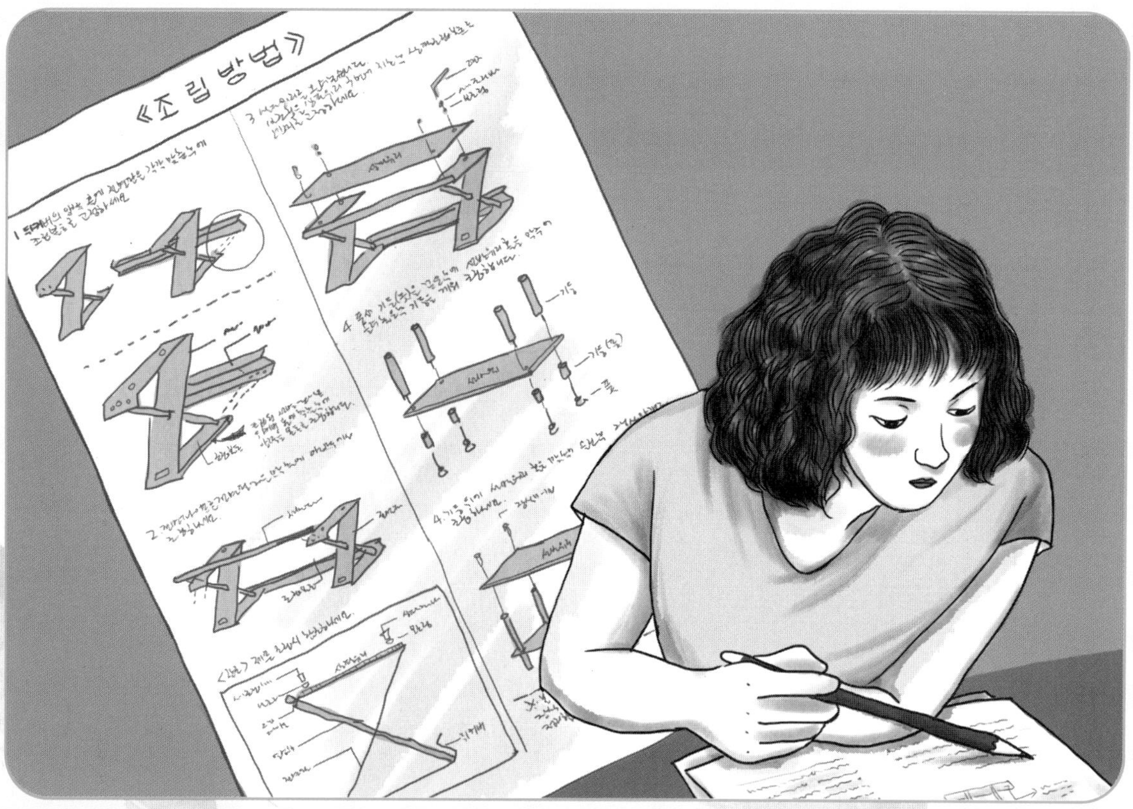

말하기

● 다음 물건으로 해결할 수 있는 생활 속 문제를 말해 보세요.

소금: ______________________

식초: ______________________

콜라: ______________________

치약: ______________________

귤껍질: ______________________

● 건강을 위해 집에서 쉽게 할 수 있는 것은 무엇입니까?

가: 저는 불면증이 있어서 밤에 잘 못 자요. 여러 가지 생각이 계속 나서 잠을 이루지 못해요.

나: 잠이 안 올 때는 손으로 엄지발가락을 아래로 여러 번 세게 구부려주세요. 그럼 머리에 모여 있는 혈액이 아래로 모여 잡념이 사라지고 잠을 잘 수 있습니다. 식초를 마시는 것도 좋습니다.

듣기

● 다음은 주변의 작은 물건의 용도에 대한 대화입니다. 다음 대화를 잘 듣고 질문에 답하세요.

1. 다음 중 알맞은 것끼리 연결을 하십시오.

(1) 식초로 야채를 씻는다. •		• 쉽게 뗄 수 있다.
(2) 스티커에 식초를 뿌린다. •		• 먼지가 닦여 윤기가 난다.
(3) 맥주로 화초를 닦는다. •		• 찌든 때를 제거한다.
(4) 식초로 손을 씻는다. •		• 농약 성분을 잘 씻어 낸다.
(5) 맥주로 가스레인지를 닦는다. •		• 냄새를 없앤다.

2. 이야기 속에서 말한 '비행기 태우지 마'는 어떤 의미입니까?

Track 06

대화

첸	어젯밤에 친구들이 우리 집에서 술 한잔 하고들 갔어. 그런데 남은 맥주가 좀 있는데 버리기는 아깝고……. 다른 데 쓸 수 있는 데가 없을까?
지영	그래? 남은 맥주를 유용하게 쓰는 방법이 꽤 있어. 저번에 맥주로 화초 잎을 닦아 봤더니 먼지가 잘 닦여서 훨씬 윤기 있고 건강하게 보이더라. 아니면 가스레인지나 환풍기의 찌든 때를 제거하는 데도 좋아.
첸	그런 방법이 있었구나. 너는 공부도 잘 하더니 다방면으로 모르는 것도 없구나!
지영	괜히 비행기 태우지는 마. 그럼 이왕 말이 나온 김에 생각나는 것 몇 가지 더 알려 줄까? 집에 흔히 있는 식초는 요리할 때 사용하기는 하지만 다른 용도로 사용하기도 해.
첸	어, 맞아. 식초가 냄새 제거하는 데도 탁월하대. 물에 희석한 식초로 그릇이나 도마의 냄새를 없앨 수 있다고 들었어.
지영	응, 그래서 발 냄새 나는 사람들이 식초 물에 발도 담그고 있대. 너 혹시 매일 집에서 그렇게 하는 거 아니야? 하하. 아, 그리고 식초를 희석한 물로 과일이나 야채를 씻으면 농약 성분을 제거할 수 있대. 잘 떼어지지 않는 스티커에 식초를 몇 방울 뿌려 놓은 후에 떼면 쉽게 잘 떼어지기도 하고.
첸	그럼 다음에 주차 위반 스티커를 뗄 때 식초를 이용해 봐야겠다.
지영	첸! 교통 법규를 잘 지킬 생각을 해야지, 스티커 뗄 방법부터 생각해?

새단어

유용하다	화초	윤기	찌든 때	다방면	제거하다	이왕	탁월하다
희석하다	농약	성분	담그다	위반	뿌리다	떼다	용도

어휘 확장

1. 다음 사용 설명서를 보고 단어를 알맞게 사용해 보세요.

용량	유효기간	효능 / 효과	취급 시 주의사항
제조년월일	용법(사용 방법)	주요 성분	사용 시 주의사항

[ ] : 모발 끝까지 수분과 영양을 전달해 머릿결이 부드럽고 매끄러워집니다.

[ ] : 아이들의 손이 닿지 않는 곳, 직사광선이 들지 않는 곳에 보관하십시오.

[ ] : 제조일로부터 3년

[ ] : 850ml

[ ] : 정제수, 방부제, 계면활성제, 오일 등

[ ] : 사용 중에 붉은 반점이 생기거나 부으면 사용을 중지하십시오.

[ ] : 사용 중에 붉은 반점이 생기거나 부으면 사용을 중지하십시오.

[ ] : 2016년 7월 23일

2. 다음 단어의 의미를 알아보세요.

과- : 지나친, 심한, 너무 많은						
과음	과속	과욕	과보호	과소비	과체중	과로

(1) 며칠 전에 고속도로에서 (　　　　　)으로/로 달리다가 카메라에 찍히고 말았다.

(2) 아이들을 너무 (　　　　　)을/를 하면 독립심이 없는 아이로 자라기 쉽다.

(3) (　　　　　)의 원인은 잘못된 식생활과 운동 부족이다.

(4) 스트레스가 쌓일 때마다 필요 없는 비싼 물건을 사는 (　　　　　) 습관이 있다.

(5) 때로는 적당한 욕심이 필요하긴 하지만 (　　　　　)은/는 일을 잘못되게 만든다.

(6) 지난밤 (　　　　　)을/를 해서 오늘 두통이 심하고 속이 불편하다.

(7) '과-' 를 사용해서 새 단어를 만들어 보세요.

3. 다음 단어의 의미를 알고 그 단어를 사용하여 문장을 만들어 보세요.

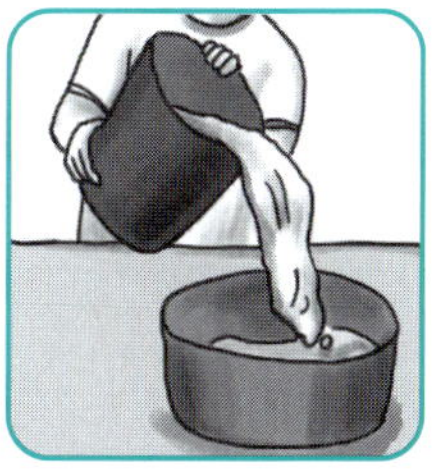

바르다	뿌리다	묻히다	붓다	따르다

(1) 바르다: 음식을 하다가 손가락이 칼에 베여서 연고를 발랐다.

(2) 　　　:

(3) 　　　:

(4) 　　　:

(5) 　　　:

읽기 I

● 다음 그림은 무엇을 하는 것일까요? 왜 그렇게 할까요?

● 다음 문장을 읽고 ________에 알맞은 말을 넣으세요.

묵은 때	찌든 때	비린내	배다

(1) 담배를 자주 피워서 옷에 담배 냄새가 ________________.

(2) 생선을 요리하고 나면 손에서 ________________ 많이 난다.

(3) 오랫동안 비어 있던 그 집에는 ________________ 구석구석 쌓여 있었다.

(4) 기계 수리공의 작업복은 기름으로 인한 ________________ 많아서 빨래하기 어렵다.

● 알고 있는 방법이 있으면 말해 보세요.

(1) 벌레, 개미 퇴치 방법

(2) 차, 커피 찌꺼기 활용 방법

(3) 음식을 장시간 보관하는 방법

● 다음은 우리의 일상생활 속에서 쉽게 사용할 수 있는 몇 가지 문제 해결 방법을 소개하고 있습니다. 다음 글을 읽고 물음에 답하세요.

요모조모 생활의 지혜

전자레인지 내부에 음식 찌꺼기가 들러붙어 있을 때는 용기에 물을 붓고 전자레인지를 돌린다. 수증기로 인해 생긴 수분으로 묵은 때를 쉽게 닦아낼 수 있을 것이다. 또한 레몬이나 오렌지, 귤 등의 껍질을 접시에 담아 1분간 돌리면 '리모넨'이라는 향기 성분이 증기와 함께 퍼져 전자레인지에 배어 있는 냄새가 사라진다.

개미는 한 마리가 먹이를 발견하면 순식간에 개미 떼가 몰려든다. 그러나 고무 냄새를 싫어하는 만큼 개미의 특성을 이용하여 설탕 통이나 꿀 병처럼 단 것이 들어 있는 용기에 고무줄을 3~4개 감아 두면 개미가 더 이상 접근하지 못한다고 한다.

생선을 손질한 뒤 손에 밴 비린내는 비누로 씻어도 좀처럼 사라지지 않는다. 이럴 때는 차를 끓이고 남은 찌꺼기를 양손에 쥐고 비비면 거짓말처럼 비린내가 사라진다. 마늘 냄새 제거에도 탁월하다.

갑자기 아이가 고열이 있을 때는 냉장고에 있는 양배추를 꺼내 이용하는 방법이 있다. 축축한 양배추의 바깥 잎을 마치 모자처럼 아이의 머리에 씌우고 양배추가 바짝 마를 때까지 두면 기화열이 발생해 열이 내려간다. 머리 전체를 감쌀 수 있도록 하는 것이 효과적이다.

파스타의 면이 남았을 경우 맛을 그대로 유지할 수 있는 방법이 있다. 면발이 서로 달라붙지 않도록 기름을 뿌리고 술 1스푼을 넣고 재빨리 섞어 냉장 보관한다. 이렇게 하면 하룻밤이 지나도 쫄깃한 면발이 유지된다.

당분간 신지 않을 신발을 보관할 때는 신문지를 둥글게 뭉쳐 신발에 넣은 다음 신발장에 보관한다. 신문지가 습기와 냄새를 제거해 주고 신발의 모양이 변형되는 것도 막아 주는 역할을 한다.

플라스틱 밀폐 용기는 일상생활에서 매우 많이 사용되지만 유리 용기에 비해 냄새가 쉽게 배는 단점이 있기도 하다. 이럴 때는 살균 효과가 있는 소금을 사용하는 것이 도움이 된다. 플라스틱 용기에 물과 소금을 넣고 흔들면 용기에 배어 있던 냄새가 말끔하게 사라진다.

눈이 피로할 때 홍차 티백을 사용할 수 있다. 우려낸 홍차 티백을 가볍게 짜서 눈꺼풀 위에 5~10분간 얹어 놓으면 놀랄 만큼 눈이 상쾌해지고 시원해지는 것을 느낄 수 있다.

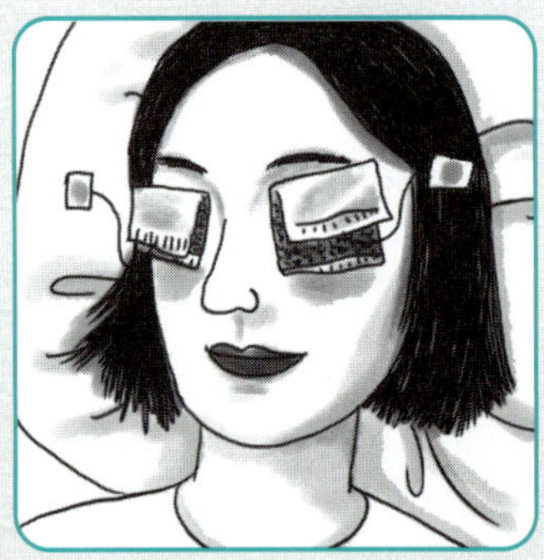

새단어

요모조모	수증기	묵은 때	배다	고무줄	비린내	탁월하다	기화열
발생하다	쫄깃하다	변형되다	살균	말끔하다	우려내다	얹다	탈취

1. 읽은 내용과 다른 것을 고르세요.

(1) 차가운 양배추는 열을 식히는 효과가 있다.

(2) 고무를 이용하면 개미를 효과적으로 쫓을 수 있다.

(3) 플라스틱 용기의 냄새를 없애려면 차 찌꺼기를 이용한다.

(4) 신문지는 습기와 냄새를 흡수하는 성질이 있다.

2. '탈취'를 위해 사용할 수 있는 방법은 무엇입니까?

– 전자렌지: ____________________________

– 생선 비린내 나는 손: ____________________________

– 신발: ____________________________

– 플라스틱 용기: ____________________________

3. 다음은 어떤 성분 때문에 효과가 있는 것입니까?

____

____

4. 위의 방법 중 활용해 보았거나 한번 활용해 보고 싶은 방법은 무엇입니까?

읽기 II

● 다음은 외국어 학습자의 학습 양식을 알아보기 위하여 사용하는 설문지입니다. 자신은 어떤 경향의 학습자인지 다음 질문에 답을 해 보세요.

0 – 전혀 그렇지 않다　1 – 가끔 그렇다　2 – 대개 그렇다　3 – 항상 그렇다

질문	0	1	2	3
1. 나는 글로 적어 놓으면 기억을 더 잘한다.				
2. 나는 필기를 많이 하는 편이다.				
3. 나는 머릿속으로 그림이나, 숫자, 단어들을 시각화할 수 있다.				
4. 나는 비디오나 TV로 공부하는 것을 다른 매체로 공부하는 것보다 더 좋아한다.				
5. 나는 책을 읽으면서 중요한 부분에 밑줄을 치거나 표시를 해 둔다.				
6. 나는 공부하거나 일을 할 때 도움이 되도록 색깔별로 표시를 해 둔다.				
7. 나는 어떤 일을 할 때 글로 쓰인 안내/지시문이 있는 것이 좋다.				
8. 나는 주변 소음에 정신이 산만해진다.				
9. 사람들이 말을 하는 것을 이해하려면 그 사람을 쳐다봐야만 한다.				
10. 내가 공부하거나 일을 하는 장소에 포스터나 그림이 있으면 훨씬 더 편안함을 느낀다.				
11. 나는 큰소리로 읽으면 기억이 더 잘된다.				
12. 나는 읽으면서 공부하는 것보다 강의나 테이프를 들으면서 공부하는 것을 더 좋아한다.				
13. 공부나 일을 할 때 누군가 지시 사항을 말로 설명해 주어야 한다.				
14. 나는 조용한 것보다 주변에 소리가 날 때 더 생각이 잘 떠오른다.				
15. 나는 공부하거나 일을 할 때 음악을 들으면서 하는 것을 좋아한다.				
16. 나는 사람들을 쳐다보지 않아도 그 사람이 하는 말을 잘 이해한다.				
17. 나는 사람들의 생김새보다 그들이 말한 것을 더 잘 기억한다.				
18. 나는 한 번 들은 농담을 잘 기억한다.				
19. 나는 목소리를 들으면 그 사람이 누구인지 알 수 있다.				
20. 나는 TV를 켜 놓으면 화면을 보는 것보다 소리를 더 많이 듣는다.				
21. 읽기를 할 때, 읽기 지시문을 읽기보다 본문을 먼저 읽는 편이다.				
22. 나는 일을 하거나 공부할 때 자주 쉬어야 한다.				
23. 나는 조용히 책을 읽을 때 입술을 움직이며 속으로 읽는다.				
24. 나는 꼭 필요할 때가 아니면 책상 앞에 앉는 것을 되도록 피한다.				
25. 나는 너무 오래 앉아 있으면 안절부절 못한다.				
26. 나는 주위를 자유로이 움직일 수 있을 때 생각이 더 잘 난다.				
27. 나는 어떤 물건을 조작해 보면 보기만 할 때보다 더 잘 기억한다.				
28. 나는 무엇인가를 조립하거나 만드는 것을 좋아한다.				
29. 나는 몸을 움직이는 활동을 좋아한다.				
30. 나는 카드나 우표, 동전 등을 모으는 것을 좋아한다.				

설문 결과

1~10번, 11~20번, 21~30번 항목에 답한 결과를 모두 더한다.

1~10번 항목의 숫자가 제일 높은 경우 시각형 학습자이고 11~20번 항목의 숫자가 높은 경우는 청각형 학습자, 그리고 21~30번 항목의 숫자가 제일 높은 경우는 조작형 학습자이다. 학습자 유형의 특징은 다음과 같다.

- **시각형 학습자:** 시각형 학습자는 읽기를 좋아하며 시각 자극을 통해 정보를 받아들이고 처리한다. 강의나 대화 등에 시각적인 뒷받침이 없으면 학습에 어려움을 느끼며 불안감이 커진다. 그러므로 새로운 단어를 학습할 때도 시각적으로 확인하고 노트 정리나 칠판 판서 등을 통해 학습하는 것이 효과적이다.
- **청각형 학습자:** 청각형 학습자는 귀로 들을 때 더 잘 배우는 학습자로 교사의 설명, 오디오를 통한 학습, 그리고 큰소리로 책을 읽으면서 학습할 때 큰 효과를 볼 수 있다. 이러한 유형의 학습자는 교실 내의 토의나 그룹 활동에 적극적이다.
- **조작형 학습자:** 조작형 학습자는 몸을 움직이거나 손으로 만져 볼 수 있는 물체나 실물을 가지고 학습할 때 효과가 높다. 이들은 자리에 오래 앉아 있는 것을 힘들어 하며 중간중간 쉬는 시간이 자주 필요하다.

● 다음은 '–적'을 가진 말들입니다. 다음을 읽고 〈보기〉에서 알맞은 말을 고르세요.

보기 *–적: 어떤 성격이 있는, 그 상태로 된, 관계된,

추상적/구체적　　적극적/소극적　　효과적　　과학적　　일반적

(1) 가 : 피카소의 그림을 보면 무엇을 그렸는지 잘 모르겠어.

나 : 나도 그래. 그런데 그림이 ________________ 이어서 재미있기도 해.

(2) 가 : 내 친구는 어떤 일을 하기로 결정하면 끝까지 쉬지 않고 달려가는 편이야.

나 : 와~ 정말 ________________ 인 성격이네.

(3) 가 : 매일 한국어 책을 10번 이상 읽었는데, 아직도 한국말을 잘 못해.

나 : 한국말을 잘 하려면 좀 더 좋은 방법을 찾아서 ________________ 으로 해야지.

예를 들면 한국 친구를 사귀거나, 말하기 대회 준비를 한다거나 그런 거 말이야.

● 다음은 여러 친구들이 어떻게 외국어를 공부하면 더 효과적인지 자신의 공부 방법을 이야기하고 있습니다. 다음을 읽고 질문에 답하세요.

효과적인 외국어 학습법

사회 : 여러분은 외국어를 학습할 때 특별히 사용하는 여러분만의 방법이 있나요? 오늘 이 자리에서 자신이 사용하거나 알고 있는 외국어 학습법을 소개하는 시간을 가져보면 어떨까요?

진희 : 영어 단어를 외울 때 실제 모양을 그리거나 이미지를 떠올리거나 하면 단어가 잘 외워져요. 그 단어의 의미를 그림으로 그리기도 하고, 만약에 그릴 수 없는 추상적인 것이라면 그 단어와 관계 있는 그림이나 이미지를 그려요. 이런 방법을 사용하면 단어가 빨리 외워지고 오래 기억이 되더라고요. 그래서 제 공책을 보면 아이들 낙서처럼 이런 저런 그림이 많아요.

티카 : 진희 씨는 공부도 잘 하더니 그림도 잘 그리는군요. 저는 그림에 소질이 없지만 진희 씨가 말한 방법을 한번 써 봐야겠어요. 저도 단어를 외울 때 사용하는 방법이 있어요. 저는 한국어 단어를 외울 때 우리 나라 언어인 인도네시아 단어와 비슷한 발음을 연관 지어 외워요. 예를 들면, 한국어로 '나비'는 인도네시아어로 '예언자'라는 단어와 발음이 비슷하고, 한국어 '그냥'은 인도네시아어로 '배부르다'라는 단어와 발음이 비슷하거든요. 그렇게 하면 공부하는 재미도 있고 더 빨리 외워지는 것 같아요.

미나 : 저도 단어를 외울 때 앞에서 티카 씨가 말한 그런 방법을 많이 사용하곤 해요. 특히 일본어 단어는 한국어 단어와 발음이 비슷한 게 많아서 더 효과적이에요. 그리고 저는 외국어 공부를 할 때 같은 영화를 계속 반복해서 봐요. 처음에는 무슨 말인지 전혀 모르지만 듣다 보면 점점 의미를 알게 돼요. 그래서 저는 같은 영화를 스무 번도 넘게 본 적이 있어요. 보면 볼수록 더 많이 들을 수 있어서 공부할 맛이 나요.

새단어

효과적	추상적	이미지	연관을 짓다	맛이 나다

1. 위에서 말한 효과적인 외국어 학습법 세 가지는 무엇입니까?

① ______________________________

② ______________________________

③ ______________________________

2. 위에서 말한 세 가지의 방법 중에서 여러분은 어떤 방법을 사용해 봤습니까? 경험상 어떤 방법이 가장 효과적이라고 생각합니까?

3. 여러분의 모국어와 한국어의 비슷한 발음의 단어를 찾아 써 보세요.

한국어	나의 모국어

4. 여러분의 모국어와 한국어와의 공통점이나 비슷한 점은 무엇입니까?

의사소통활동

● 전자 제품의 사용법 전달하기

1. 여러분이 알고 있거나 사용하고 있는 전자 제품은 어떤 기능이 있습니까?

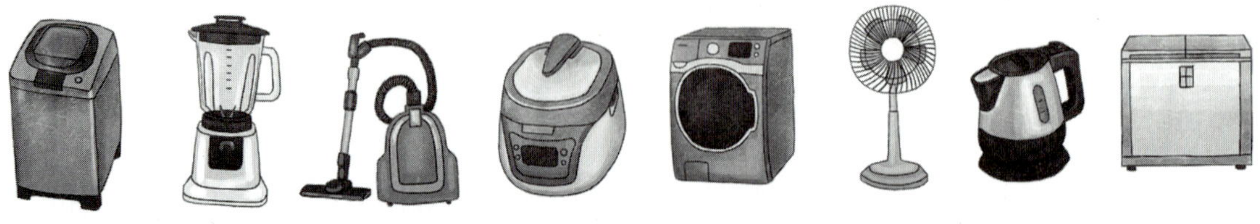

보기

제품명	휴대폰
기능	통화하기, 메시지 전송하기, 카메라 기능, 녹음하기, 라디오 듣기, 게임하기 등

제품명	
기능	

제품명	
기능	

2. 위에서 언급한 기능 중에서 그 사용법/사용상 주의사항을 친구들에게 간단하게 설명해 보세요.

보기

기능	음성 녹음하기
사용법/사용상 주의사항	제일 먼저 〈메뉴〉 아이콘을 누른 후 여러 가지 아이콘 가운데 마이크 그림이 있는 아이콘을 선택한다. 누르는 것과 동시에 녹음이 시작되고 끝낼 때는 그 아이콘을 다시 한 번 누르면 된다. 그런데 기계에서 너무 멀리서 이야기하거나 지나치게 작게 말하면 녹음이 잘 안 되니까 거리와 소리를 잘 조절해야 한다.

기능	
사용법/사용상 주의사항	

3. 요즘 많은 사람들이 스마트폰을 사용하며 스마트폰에 다양한 앱(App)을 설치하여 사용하고 있습니다. 여러분이 친구들에게 소개해 주고 싶은 유용하거나 흥미로운 앱을 이야기해 보세요.

앱(App)	
기능/특징	

- 여러분의 한국어 학습법을 경험을 토대로 소개해 보세요.

나의 한국어 학습법

- 여러분이 알고 있는 효과적인 학습법이나 독서법을 소개해 보세요.

효과적인 학습법이나 독서법

● 다음을 친구들에게 소개해 보세요.

공부하기 좋은 곳

- 위치:
- 가는 방법:
- 공부하기 좋은 이유:

한국어 공부에 도움이 되는 책

- 제목:
- 저자:
- 출판사:
- 왜 도움이 되는지:

인상 깊게 본 한국 영화

- 제목:
- 주인공:
- 왜 인상 깊게 봤는지:

한국에서 마음에 드는 곳

- 장소:
- 위치:
- 가는 방법:
- 왜 마음에 드는지:

문형

1 -기는 하지만 -기도 하다

앞의 내용이 일반적인 경우이지만 뒤의 내용도 일어날 수 있는 일일 때 사용한다.

- 수박을 주로 여름에 먹기는 하지만 때로는 하우스에서 키운 것을 다른 계절에 먹기도 한다.
- 요즘 대부분의 사람들은 호출기를 사용하지 않기는 하지만 큰 병원의 의사들은 사용하기도 한다.
- 운동 경기 결과에 대한 전문가들의 예상이 대체적으로 맞기는 하지만, 가끔 빗나가기도 하므로 전적으로 믿을 수는 없다.
- 내 친구는 성실하여 열심히 공부하기는 하지만 휴일에는 계획을 세워 잘 놀기도 한다.
- 겨울에는 춥기 때문에 꽃이 안 피기는 하지만 가끔 날씨가 덜 추우면 봄꽃이 피기도 한다.

● 다음 대화를 완성하세요.

(1) 가: 딸기는 봄에만 먹을 수 있죠?

나: 네. 보통은 봄에만 ____________________ 비닐하우스에서 키울 수 있어서 겨울에 ____________________.

(2) 가: 아이가 공부를 잘한다면서요? 항상 열심히 공부하나요?

나: 주중에는 열심히 ____________________ 주말에는 ____________________.

(3) 가: 이 책은 너무 어려울 것 같아서 책을 펴 보지도 못했어요.

나: 물론 ____________________ 읽다 보면 새로운 사실을 많이 알게 돼서 ____________________.

2 -거나 - 거나 하면

반대되거나 비슷한 상황들을 모두 선택하는 경우를 나타낸다.

- 수면시간이 너무 길거나 너무 짧거나 하면 건강을 해칠 수 있다.
- 결석을 자주 하거나 지각을 자주 하거나 하면 다음 급으로 올라가기 힘들 수 있다.
- 식후에 바로 누워 있거나 엎드려 있거나 하면 소화가 안 되기 쉽다.
- 그 문을 자꾸 억지로 밀거나 당기거나 하면 쉽게 고장 날 수 있으니 주의하십시오.
- 그 사람은 손해를 보거나 다른 사람한테 핀잔을 듣거나 하면 밤잠을 못 이룬다고 한다.

● 다음 대화를 완성하세요.

(1) 가: 머리도 아프고 열도 많이 나요.

나: 진통제를 드시고 그래도 계속 ________________ 늦게라도 병원에 오세요.

(2) 가: 산 지 얼마 안 됐는데 휴대전화가 고장이 났어요.

나: 젖은 손으로 ________________ 쉽게 고장이 날 수 있어요.

(3) 가: 아이들이 거짓말을 하면 어떻게 해야 할까요?

나: 그때는 혼내지 마시고 먼저 왜 거짓말을 했는지 ________________ 다음에는 그러지 않을 거예요.

3 -(으)ㄴ/는 만큼

앞의 내용을 인정하면서 그것이 뒤 내용의 원인이나 근거가 됨을 나타낼 때 사용한다.

- 날씨가 추워진 만큼 월동 준비를 시작해야겠다.
- 부모님의 건강이 나빠진 만큼 부모님 건강에 더욱 신경을 써야 한다.
- 근처에 어린 아이들이 생활하는 유치원이 있는 만큼 흡연이나 음주와 같은 행동은 삼가 주시기 바랍니다.
- 그동안 이와 같은 사건이 한 번도 없었던 만큼 크게 놀랄 수밖에 없었다.

● 다음 대화를 완성하세요.

(1) 가: 지금부터 시험 준비를 해야겠지?

나: 선생님께서 이번 시험이 좀 ______________________ 시험 준비를 미리 시작하는 게 좋을 것 같다.

(2) 가: 사춘기 청소년들은 잘 웃고 잘 우는 것 같아요.

나: 감정 변화가 ______________________ 주위 사람들은 청소년들의 마음에 신경을 써 주셔야 합니다.

(3) 가: 한 달 동안 야근을 했더니 친구들 얼굴도 못 보고 지내요.

나: 열심히 ______________________ 월급이 많아질 테니 힘내세요.

4 -더니

경험한 사실이나 상황에 이어서 관계 있는 다른 사실이나 상황이 일어날 때 쓴다.

- 친구가 어제도 우리 집에서 자고 가더니 오늘도 우리 집에 온다.
- 수미는 어제 머리가 아파서 조퇴하더니 오늘은 학교에 오지 않았다.
- 아침에는 날씨가 흐리더니 오후에는 비까지 온다.
- 언니가 만든 음식이 보기에도 좋더니 맛도 좋더라.
- 오늘 아침부터 영화를 보더니 저녁까지 영화를 계속 보고 있어요.

● 다음 대화를 완성하세요.

(1) 가: 그 친구는 어려운 사람들을 보면 항상 도와준대.

나: ______________________ 마음도 착하구나.

(2) 가: 이 케이크 정말 맛있다.

나: ______________________ 정말 맛도 좋네.

(3) 가: 어제 보니까 수미가 춤을 잘 추더라.

나: ______________________ 춤까지 잘 추는구나.

06 풍습과 축제

말하기

경조사에 대해 소개하기

읽기

각국의 새해맞이 / 한국의 지역 축제

문형

-지도 -지도 않다 / -자면 / -기만 하면 / -기보다는

말하기

● 다음은 한국의 전통 명절입니다. 여러분 나라에서 중요하게 생각하는 전통 명절은 언제이고, 무엇입니까?

● 다음은 한국의 유명한 지역 축제들입니다. 여러분 나라의 유명한 지역 축제에는 어떤 것들이 있습니까?

축제	시기
진도 신비의 바닷길 축제	음력 2월
보령 머드 축제	7월
옥천 포도 축제	7월
Hi 서울 페스티벌	10월
보성 녹차밭 축제	12월~2월

축제	시기
탐라 입춘굿 축제	2월
담양 죽향 축제	5월
정선 아리랑 축제	10월
진주 남강 유등 축제	10월
부산 국제 영화제	10월

듣기

● 다음 대화를 잘 듣고 질문에 답하세요.

1. 다음 이야기를 듣고 맞는 것을 찾으세요.

(1) 한 친구가 다른 친구에게 한국의 결혼 문화에 대해 소개하고 있습니다. ☐

(2) 이 친구는 지금 한국 사람과 결혼을 준비하고 있습니다. ☐

(3) 결혼을 준비할 때 신랑 신부 가족들의 옷이나 물건 등도 준비합니다. ☐

(4) 결혼 전에 신부가 신랑 집에 함을 보냅니다. ☐

(5) 요즘 사람들은 결혼 문화의 형식을 반드시 지키려고 노력합니다. ☐

2. 다음 내용을 모두 정리해 보세요.

혼수		예단	
예물		함	

Track 07

대화

프엉　한국에선 결혼 준비를 보통 누가 해요?

소영　경우에 따라 다르지만 일반적으로 신부 측이 혼수를 준비하지요. 신랑 측은 신혼 집을 준비하는 경우가 많고요. 그리고 신랑, 신부 모두 예물과 예단 같은 것들도 준비해요.

프엉　그건 어떤 거예요?

소영　프엉 씨가 이렇게 관심이 많은 걸 보니 아무래도 한국 사람이랑 결혼할 마음이 있는 것 같은데요. 맞아요?

프엉　꼭 그런 건 아니지만……. 에이, 놀리지 말고 그냥 얘기해 주세요.

소영　하하, 알았어요. 예물은 신랑 신부의 반지나 시계 같은 것들을 말하고 예단은 신랑, 신부, 양가 어른들과 가족의 옷이나 물건들을 말해요.

프엉　와, 역시 결혼이라는 건 어디나 간단한 것은 아니네요. 준비할 게 이렇게 많고 복잡하니 말이에요.

소영　사실 복잡하지도 간단하지도 않아요. 아, 그런데 그게 끝이 아니에요. 결혼식 전에 신랑이 신부 집에 '함'이라는 것을 보내요. 함 속에는 신랑의 사주, 혼서지, 예물 같은 것을 넣는데요, 신부 집에 함 들어가는 날에는 재미있는 풍습도 많이 있어요.
그런데 사실 요즘은 결혼 문화도 형식에 얽매이기보다는 실용적인 것을 추구하는 사람들이 느는 추세예요. 제대로 준비하자면 끝이 없거든요.

● 여러분 나라의 결혼 풍습은 어떻습니까? 준비과정이 복잡합니까?

새단어

측　양가　사주　혼서지　얽매이다　실용적　추구하다　추세

어휘 확장

● 다음은 한국의 결혼식을 소개하고 있습니다. 굵은 글씨의 단어에 주목하여 읽고 같이 이야기해 보세요.

1. 결혼식의 형식

서양식과 **전통 혼례** 두 종류가 있는데 대부분의 사람들은 서양식 결혼식을 올립니다.

2. 결혼식의 절차

서양식 결혼식의 경우, 많은 하객을 모신 자리에서 신랑과 신부가 **혼인**을 **서약**하고 양가 부모님께 인사를 드립니다. 이 식이 끝난 후 신랑과 신부는 신랑의 부모님과 가까운 친척들께 비공개적인 자리에서 따로 인사를 드리는데 이것을 **폐백**이라고 합니다. 폐백은 전통적인 방법으로 이루어집니다.

3. 결혼식의 특징

결혼식 소요 시간이 20~30분 정도로 매우 짧습니다. 그리고 신부는 들고 있던 작은 꽃다발인 부케를 던지는데 이때 그 부케를 받을 친구를 미리 결혼식 전에 정해 두고 그 친구에게 부케를 던집니다.

4. 결혼식의 참석

초대받은 하객들은 방명록에 이름을 쓰고 **축의금**을 냅니다. 가까운 친구나 친척들은 혼수에 필요한 물건들을 선물하기도 하는데 보통 하객들은 축의금으로 결혼을 축하해 줍니다. 일반적으로 하객들은 결혼식이 끝난 후 식사를 할 수 있는 **피로연**을 즐기는데 그 시간이 길지는 않습니다.

5. 결혼식 전의 과정

양가가 협의를 하여 날을 잡으면 신랑, 신부는 결혼식을 준비합니다. 신랑, 신부는 상대 부모님과 가족들에게 정성스레 준비한 돈이나 물품 등을 보냅니다. 특히 결혼식에 앞서 신랑은 신부 집에 **함**을 보냅니다.

● 다음은 결혼식과 관계 있는 표현입니다. ________에 알맞은 표현을 넣어 표현을 익혀 보세요.

폐백	하객	축의금을 내다	함을 보내다

(1) 결혼식 전에 신랑 집에서 신부 집으로 ________________.

(2) 결혼식 날에 구름같이 많은 ________________ 와서 결혼식을 축하해 주었다.

(3) 손님들이 결혼식장에 들어가기 전에 결혼식 문 앞에서 ________________.

(4) 결혼식이 끝나면 신랑 신부는 한복으로 갈아입은 후에 ________________ 드린다.

● 다음은 한국의 장례식을 소개하고 있습니다. 굵은 글씨의 단어에 주목하여 읽고 같이 이야기해 보세요.

1. 장례식의 형식

대부분 장례식은 병원 내에 있는 **장례식장**에서 이루어집니다. 의식은 종교에 따라 **헌화**하거나 **향을 피우는** 등 다르게 치릅니다.

2. 장례식의 절차

일반적으로 3일 동안 **조문객**을 받습니다.

3. 장례식의 특징

조문객들에게는 고인의 시신을 공개하지 않으며, 가족이나 가까운 지인들에게는 공개를 합니다.

4. 장례식의 참석

종교에 따라 헌화하거나 절을 하는데 절을 할 경우 **고인**에게 절을 두 번 합니다. 예전에는 조문객들이 함께 아픔을 나누고 도와 주는 의미로 함께 있으며 밤을 새우기도 했지만 요즘은 점차 줄어 들고 있습니다. 일반적으로 조문객들은 **조의금**을 냅니다.

5. 장례식의 후 과정

3일장이 끝나면 시신을 **매장**하거나 **화장**합니다. 요즘은 점차 화장이 늘어나고 있는 추세입니다.

● 다음은 장례식과 관계 있는 표현입니다. ______________에 알맞은 표현을 넣어 표현을 익혀 보세요.

상을 당하다	상중	부고	문상을 가다

(1) 김 선생님께서 어제 갑자기 ______________. 그래서 5일 정도 학교에 못 나오신다.

(2) 오늘 저녁에는 친구 아버님이 돌아가셔서 ______________________.

(3) 오랜만에 단골집에 찾아 갔더니 문이 잠겨 있고 문에는 ______________(이)라고 쓰여 있었다.

(4) 요즘은 문자 메시지로 ______________________를 알리는 일이 많아졌다.

읽기 I

- 여러분이 알고 있는 다른 나라의 특별한 날의 풍습은 어떤 것이 있습니까? 아는 대로 이야기해 보세요.

나라	풍습

- 여러분 나라의 새해 맞이법에 대해서 이야기해 보세요. (음식과 그 의미, 특별한 행동, 인사법)

- 다음은 새해맞이와 관계있는 단어입니다. 단어와 설명을 연결해 보세요.

(1) 풍년 •
(2) 기원하다 •
(3) 부적 •
(4) 액운 •
(5) 소원성취 •

• ㄱ. 곡식이 잘 자란 해
• ㄴ. 나쁜 기운이나 재앙을 없애기 위해 붉은 색으로 글씨나 그림을 그린 종이
• ㄷ. 원하는 일이 이루어지기를 빌다
• ㄹ. 원하는 일이 이루어짐
• ㅁ. 좋지 않은 운수

____

각 나라마다 새해를 맞이하는 방법에 차이가 있다.

한국에서는 새해가 되면 떡국을 먹는 풍습이 있는데 떡국을 '첨세병'이라 해서 한 살을 더 먹는 상징으로 여겼다. 또한 떡국에 넣는 가래떡은 무병장수와 풍년을 기원하는 의미이다.

그리스의 경우에는 새해에 바실로피타라는 전통 케이크를 먹는다. 이 케이크 안에 동전이나 쿠키를 넣어서 만드는데 동전을 발견하는 사람은 1년 동안 행운이 따른다고 한다.

중국은 새해를 '춘절'이라 부르며 폭죽을 터뜨리는데 '해마다 높이 오른다'는 뜻의 '녠가오'라는 음식을 먹는다.

멕시코는 새해를 맞이하는 자정에 시계탑 종이 울리면 그 종소리에 맞춰서 12개의 포도알을 먹는다고 한다. 포도알 1개당 소원 1개를 빌어 새해 12개월 내내 좋은 일이 많이 있기를 기원한다고 한다. 또한 집안 곳곳에 돈을 숨겨 놓고 이 돈을 찾는데 이 돈으로 저녁 식사를 마련하여 함께 나눈다고 한다.

인도의 경우에는 인도의 3대 축제 중 하나인 '디바왈리' 기간 중 나흘째 되는 날이 힌두력으로 새해의 첫 날이다. 이 축제 기간에는 집집마다 등불을 켜서 인도 고대왕국인 아요다국의 왕자가 사악한 왕을 물리친 것을 기념한다고 한다.

프랑스에서는 새해에 집안에 있는 모든 술을 가족들과 함께 나누어 마시는 풍습이 있다고 하는데 이는 액운을 쫓기 위한 것이라고 한다. 또한 우리나라에 새해 음식으로 떡국이 있듯이 프랑스에는 '갈레트 데 루아'라는 달콤한 파이가 있는데 새해에 이 파이를 가족 또는 친지들과 나누어 먹는다고 한다.

일본에서는 새해에 신사를 찾는 사람들이 많다고 한다. 사람들은 신사에서 깨끗하게 손을 씻고 각자 소원을 비는 시간을 갖는다고 한다. 그리고 일본에서도 우리나라의 세뱃돈과 비슷하게 새해에 아이들에게 용돈을 주는데 이때 예쁜 봉투에 넣어 주는 풍습이 있다고 한다. 그래서 이맘때에는 다양하고 예쁜 봉투를 파는 모습을 쉽게 볼 수 있고 직접 봉투를 만드는 사람들도 많이 볼 수 있다고 한다. 또한 새해의 성공과 소원 성취를 위하여 작년에 샀던 부적을 태워 버리는 풍습도 있다고 한다.

이렇듯 나라별로 새해를 맞이하는 방법에는 차이가 있지만, 새해에 소원이 이루어지고 좋은 일이 있기를 기원한다는 점에서 공통점이 있다.

1. 위 글에 적합한 제목을 만들어 보세요.

2. 위 내용과 맞으면 O, 틀리면 X 하세요.

(1) 한국에서는 새해에 떡국을 먹으면 한 살을 더 먹는다고 생각했다. ( )

(2) 그리스와 중국은 새해에 특별한 음식을 먹는데 이는 모두 행운과 관련 있는 것들이다. ( )

(3) 멕시코에서는 새해 자정에 종소리를 듣고 나서 포도알을 12개 먹는다고 한다. ( )

(4) 인도에서 새해 첫날 등불을 켜는 것은 왕을 물리치기 위해서이다. ( )

(5) 일본에서는 성공과 소원 성취를 위해 부적을 산다. ( )

새단어

풍년	사악하다	액운	이맘 때	부적
기원하다	물리치다	신사	소원성취	

읽기 II

● 여러분 나라에서 정기적으로 열리는 행사에는 어떤 것이 있습니까? 다음 질문에 답해보고 글을 읽어 보세요.

1. 여러분이 살고 있는 지역에서 유명하거나 여러 사람에게 알리고 싶은 것이 있습니까? 특별한 행사나 축제를 새로 만든다면 어떤 것을 만들 수 있겠습니까?

2. 친구들의 이야기 중에 가장 매력적인 행사나 축제는 어떤 것이었습니까? 그 이유도 함께 이야기해 보세요.

매력적인 축제	이유
1.	
2.	
3.	

3. 한국에서 들어 봤거나 경험해 본 행사나 축제에 대해 여러분의 경험을 이야기해 보세요.

● 다음 대화를 읽고 〈보기〉에서 알맞은 단어를 고르세요.

보기 맛깔스럽다　　신비하다　　다채롭다　　색다르다(이색적이다)

(1) 가 : 내가 개발한 샐러드야. 한번 먹어 봐.
나 : 와~ 보통 샐러드에서는 느낄 수 없는 맛인데? 아주 ______________.
어떻게 만들었어?

(2) 가 : 요즘 무슨 책을 읽고 있어?
나 : 별에 관한 책을 읽고 있는데, 읽으면 읽을수록 우주는 ______________ 것 같아.

(3) 가 : 어제 식물원에 갔었어?
나 : 응, 여러 가지 꽃들이 정말 ______________ 게 피었더라.

(4) 가 : 이 식당은 분위기도 좋고 음식 맛도 좋아.
나 : 주인 아저씨가 직접 음식을 만드시는데, 한번 먹어보면 또 먹고 싶다니까 음식이 언제나 ______________ 고 내 입에 딱이야.

● 다음은 한국의 지역 축제를 소개한 글입니다. 글을 읽고 물음에 답하세요.

____

한국의 여러 곳에서는 각 지역의 특징을 살린 크고 작은 축제들이 다양하게 열리고 있다. 이러한 축제에 참가한다면 평소에 접하지 못 했던 색다른 즐거움을 느낄 수 있고, 한국에서의 소중한 추억을 만들 수 있는 좋은 기회가 될 것이다. 여기에서는 이러한 다양한 축제 가운데 대표적인 축제 두 가지를 소개하고자 한다.

첫 번째는 남녀노소 누구나 어울려 아이들처럼 온몸으로 진흙을 즐길 수 있는 '보령 머드 축제'이다. 이 축제는 충청남도 보령시 대천해수욕장에서 매년 7월에 약 2주간 열린다. 일단 축제에 참여하기만 하면 진흙을 온몸에 바르고 뒹굴고 미끄러지는 사이에 스트레스를 모두 날리며 일상 탈출의 매력을 느끼게 될 것이다. 이런 머드 축제의 매력 때문인지 이 축제는 내국인은 물론이고 외국인이 제일 많이 참여하는 국내 축제로 알려져 있다.

진흙에 대해 말하자면 게르마늄, 미네랄 등의 성분을 다량 함유하고 있어서 피부 미용에도 탁월한 효과가 있는 것으로 여러 연구기관을 통해 입증되었다. 이러한 이유로 이 축제에 참가하면 즐거움은 물론이고, 피부 미용까지 일석이조의 효과를 누릴 수 있다.

축제 기간 동안에는 머드 씨름대회, 머드 슬라이딩, 머드 마사지, 머드 비누 만들기, 머드왕 선발 대회 등 이색적인 행사가 준비되어 있는데 특히 무료 머드 마사지는 이미 인기 만점의 프로그램으로 자리 잡았다. 일상 생활이 무료하거나 뭔가 색다른 경험을 하고 싶거나 하면 꼭 한번 찾아가 볼 만한 축제이다.

두 번째로 소개하고자 하는 축제는, 전라남도 진도(진도군 고군면 회동리와 의신면 모도리 사이 2.8㎞)의 바다에서 매년 음력 3월 초나 보름에 열리는 '진도 바닷길 축제'이다. 이때가 되면 이곳의 바다 조차가 가장 커지며, 약 40m 폭으로 약 한 시간 동안 신비한 길이 생긴다. 전 세계 어디에서도 구경하기 힘든 장관인만큼 이러한 신비한 장관을 구경하기 위하여 해마다 100만여 명의 국내외 관광객들이 몰려들어 이 기적과도 같은 현상을 직접 눈으로 체험한다.

㉠ 관광객들은 바닷길이 열리는 신비한 현상을 직접 체험하려고 오기는 하지만, 남도 지방의 볼거리와 먹을거리를 즐기기 위하여 이곳에 오기도 한다. ㉡ 관광객들은 북놀이, 강강술래, 씻김굿 등 무형문화재 공연을 감상할 수 있고, 음식 맛이 좋기로 소문난 전라남도의 맛깔스러운 음식들 또한 다양하게 맛볼 수 있다. ㉢ 신비한 자연 경관과 함께 전라남도의 특징적인 문화를 접할 수 있는 이 축제에 참여한다면 평생의 잊지 못할 추억을 간직하게 될 것이다. ㉣

새단어

색다르다	소중하다	더없이	뒹굴다	일상	입증되다
신비하다	탈출	다량	함유하다	일석이조	무료하다
만점	조차	기적	간직하다	무형문화재	장관
맛깔스럽다	접하다	다채롭다	선보이다	이색적	현상

1. 이 글의 제목을 만들어 보세요.

2. 위 내용과 <u>다른</u> 것은 무엇입니까?

☐ 보령 축제는 연세가 많은 어르신은 참여가 어렵다.

☐ 한국에는 많은 지역에서 각양각색의 축제들이 열린다.

☐ 진도 바닷길 축제는 음력 3월 1일~15일 사이에 열린다.

☐ 진도에 가면 공연, 자연 경관, 음식 등 다양하게 즐길 수 있다.

3. 위에서 소개한 두 축제의 공통점이 <u>아닌</u> 것은 무엇입니까?

(1) 여러 가지 경험을 할 수 있다.

(2) 모두 바닷가에서 행사가 이루어진다.

(3) 국내외 관광객이 모두 찾는 축제들이다.

(4) 다양한 음식을 맛보면서 행사를 즐길 수 있다.

4. 다음 내용이 들어갈 곳으로 알맞은 것은 어디입니까?

> 그래서 관광객들을 위하여 축제 기간 동안 여러 가지 볼거리와 먹을거리를 선보인다.

(1) ㉠ 뒤　　(2) ㉡ 뒤　　(3) ㉢ 뒤　　(4) ㉣ 뒤

의사소통활동

● 여러분 나라의 결혼 문화와 장례 문화를 소개해 보세요.

1. 여러분 나라의 결혼 문화는 어떻습니까? 다음 항목에서 맞추어 자세히 소개해 보세요.

결혼식의 형식

결혼식의 절차

결혼식의 특징

결혼식 참석

결혼식 전 과정

2. 여러분 나라의 장례 문화는 어떻습니까? 다음 항목에서 맞추어 자세히 소개해 보세요.

장례식의 형식

장례식의 절차

장례식의 특징

장례식 참석

장례식 후 과정

● 여러 가지 축제에 대한 정보 전달하기

1. 여러분이 한국에서 들어 봤거나 참여해 본 축제는 어떤 것이 있습니까? 여러분이 참여해 본 축제나 다음 축제 가운데 한 가지를 골라 인터넷이나 서적, 주변 사람들로부터 정보를 수집한 후 발표해 보세요.

하이 서울 페스티벌

수원 화성 축제

부산 국제 영화제

태백 눈 축제

축제명 :

- 개최지
- 일시
- 참가 대상
- 교통편
- 행사 내용
- 특징

2. 여러분 나라의 유명한 축제에는 어떤 것이 있습니까? 그에 대한 정보를 조사하여 발표해 보세요.

축제명 :

- 개최지

- 행사 기간

- 참가 대상

- 교통편

- 행사 유래

- 행사 내용

- 특징

문형

1 -지도 -지도 않다

이렇지도 않고 저렇지도 않다 또는 이렇게 하지도 않고 저렇게 하지도 않다는 의미를 나타낸다.

- 어제는 공부하지도 놀지도 않았다. 시간이 어떻게 갔는지 모르겠다.
- 이 커피는 시원하지도 뜨겁지도 않아서 못 먹겠다.
- 이 동네 집값은 싸지도 비싸지도 않다. 서울 집값의 평균치 정도이다.
- 덥지도 춥지도 않은 이런 선선한 날씨가 당분간 계속 되었으면 좋겠다.
- 그들은 먹지도 자지도 않으면서 며칠째 시청 앞에서 시위를 하고 있다.

● 위 문형을 이용해서 답해 보세요.

(1) 가: 한국 봄 날씨는 어때요? 제가 여름에 와서 봄 날씨를 잘 모르겠어요.

나: ______________________________.

(2) 가: 뜨거운 물을 드릴까요? 아니면 차가운 물이 좋으세요?

나: ______________________________.

(3) 가: 그 사람은 성격이 어때요? 급한 편인가요?

나: ______________________________.

2 -자면

하고자 하는 바를 가정하여 조건을 나타낸다. '그렇게 하려고 하면'이나 '그렇게 하고 있으면'의 의미이다.

- 그 사람에 대해 말하자면 밤을 새워도 다 못 할 거야.
- 제 아내와 같이 외출을 한 번 하자면 준비 시간만 보통 한 시간이 넘게 걸립니다.
- 그 여자 말을 듣고 있자면 그 여자가 세상에서 제일 잘난 사람 같다니까요!
- 여행을 하자면 준비해야 할 것들이 많다.
- 나는 한번 공부를 하자면 먼저 청소를 해야 하고 목욕도 해야 해서 시작하기 힘들다.

● 위 문형을 이용해서 답해 보세요.

(1) 가: 철수가 같이 쇼핑하자고 하던데, 같이 갈래?

나: 싫어, ________________________________.

(2) 가: 어제 무슨 일이 있었어? 아무리 전화해도 안 받던데? 빨리 이야기 좀 해봐.

나: 말도 마, ________________________________.

(3) 가: 그 축구 선수와 인터뷰 성공했어요?

나: 3시간 동안 기다렸다가 겨우 했어요.

가: 3시간이나요?

나: 네, 그래도 생각보다 덜 기다린 거예요.

______________________________________.

3 -기만 하면

조건을 나타내는 의미에서 한정하는 의미의 '-만'이 붙어 그 조건을 더 강조한다. '어떤 일이 있을 때면 언제나'의 의미이다.

- 어머니는 돌아가신 삼촌 얘기가 나오기만 하면 눈물을 흘리신다.
- 그 집 남편은 집에 오기만 하면 피곤해서 뻗어버린다고 한다.
- 배탈이 심하게 나서 먹기만 하면 화장실로 달려가야 해요.
- 수업이 시작되기만 하면 배가 고파진다.
- 그 사람을 만나기만 하면 가슴이 떨린다.

● 위 문형을 이용해서 답해 보세요.

(1) 가: 나는 이번 휴가 때 유럽 여행 가려고 하는데 너도 갈래?

나: 물론이지, 나는 ______________________________.

(2) 가: 나는 왜 이렇게 수업 시간만 되면 자고 싶지?

나: 나도 그래, ______________________________.

(3) 가: 나는 매운 음식을 잘 못 먹어.

나: 나도야. ______________________________.

4 -기보다는

앞의 말보다 뒤의 말대로 하는 것이 더 낫거나 뒤의 말에 더 가깝다는 의미이다.

- 그 여자는 예쁘기보다는 매력적이지요.
- 지금 간식을 먹기보다는 밥을 먹는 게 나을 거 같아.
- 다이어트 하기보다는 운동을 시작해 봐.
- 그 초콜릿은 너무 화려해서 먹기보다는 장식하는 게 더 나을 것 같아요.
- 물건 값을 깎기보다는 다른 물건을 하나 더 받는 방법으로 합시다.

● 위 문형을 이용해서 답해 보세요.

(1) 가: 그 남자는 정말 멋있죠?

나: 그래요? 그런데 얼굴이 좀 여자 같지 않아요? ______________________.

(2) 가: 집에 가는 길에 외식하고 들어가면 어때?

나: ____.

(3) 가: 오늘 대청소를 합시다.

나: ____.

07 삶과 죽음

말하기

주제에 대해 토론하기

읽기

안락사에 대한 찬반 논쟁 / 웰다잉을 생각해 봤나요?

문형

-와/과 다르게 -을 수도 있다 / -을지라도
-은 게 분명하다 / -은데도 불구하고

말하기

- 큰 사고나 병으로 오래 병원에 입원해 있는 분이 계십니까? 오랜 입원으로 환자나 그 가족이 여러 면에서 고통을 겪는다면 어떻게 할 수 있을까요?

- 다음 그래프는 무엇에 관한 것일까요?

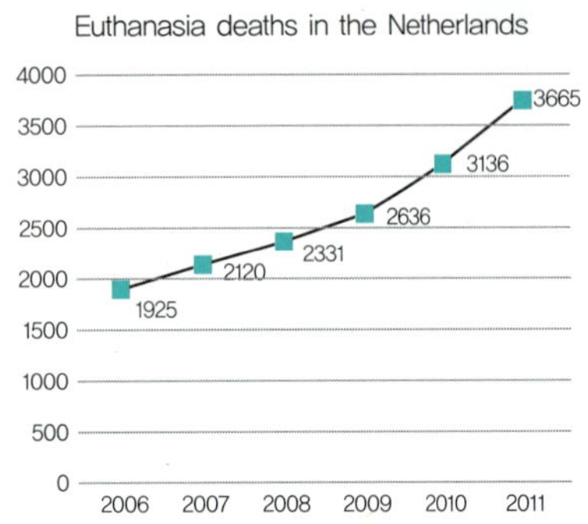

네덜란드의 안락사 현황

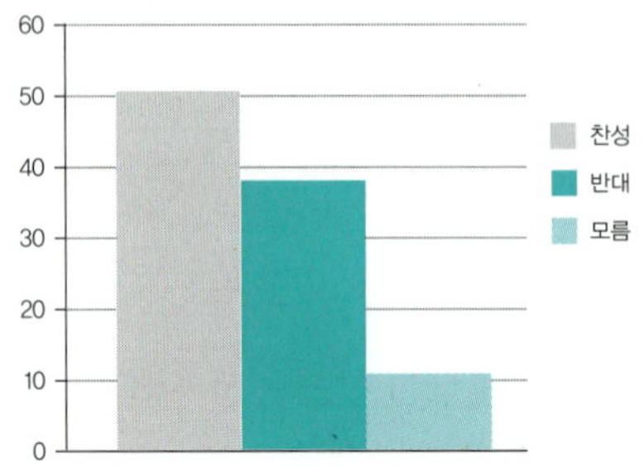

안락사에 대한 한국인들의 생각

듣기

- 다음은 토론의 일부입니다. 다음 대화를 잘 듣고 질문에 답하세요.

1. 토론의 주제는 무엇입니까?

2. 토론에서 찬성과 반대의 이유는 무엇입니까?

   (1) 찬성의 이유:

   (2) 반대의 이유:

3. 이 제도를 허용함으로써 일어나는 사회 문제가 아닌 것은 무엇입니까?

   ☐ 경제적으로 어려운 사람들이 많이 선택하게 될 것이다.

   ☐ 생명을 가볍게 생각하는 분위기가 생길 것이다.

   ☐ 국가적 차원에서 치료비가 많이 들 것이다.

   ☐ 여러 면에서 사회에 나쁜 영향을 미칠 것이다.

Track 08

사회 안녕하십니까? '토론 마당' 입니다.
오늘은 환자의 의사에 따라 생명을 단축할 수 있는가 하는 문제에 대해 토론하고자 합니다.

찬성 회복 가능성이 없는 환자의 고통을 줄여주는 목적에서 정당하다고 볼 수 있습니다. 고통스럽게 연명하느니 차라리 편안하게 죽는 것이 인간의 존엄성을 지키는 일이라 생각합니다.

사회 그러나 일각에서는 제도의 오남용 가능성에 대해 우려를 제기하고 있는데요.

반대 맞습니다. 특히 경제적으로 어려운 계층에 있는 환자들이 집중적으로 이런 선택을 하게 될 가능성이 높습니다. 이런 선택이 사회적으로 나쁜 영향을 미치지 않을까 하는 우려가 큽니다.

찬성 의료보험공단의 통계를 살펴보면, 말기암 환자의 경우 사망 직전 석 달 동안 전체 암 치료비의 70%를 쓰고 있습니다. 이것은 개인뿐만 아니라 국가적 차원에서도 심각한 문제입니다.

반대 그 말씀도 맞습니다. 그러나 이것은 우리 사회가 아직 죽음을 편안한 마음으로 받아들이지 못하는 분위기이기 때문에 생긴 결과라고 생각합니다. 이런 상황에서 돈이 있으면 연명 치료를 하고, 돈이 없으면 하지 못하는 상황이 된다면 사회 통합의 측면에서나 인간 존엄성 측면에서 모두 부정적 영향을 끼치게 될 것입니다.

새단어

의사	단축하다	연명하다	정당하다	경시	풍조	존엄성
일각	제도	오남용	우려	계층	제기하다	집중적
통계	말기	사망	직전	차원	측면	

어휘 확장

● 다음 용어가 무슨 뜻일지 이야기해 보세요.

안락사라는 용어는 극심한 고통을 받고 있는 불치의 환자에 대해, 본인 또는 가족의 요구에 따라 생명을 단축하는 행위를 말한다. 안락사에는 **적극적 안락사**와 **소극적 안락사**가 있는데, 최근에는 소극적 안락사를 '존엄사' 라는 용어로 대체하고 있다.

(1) 적극적 안락사:

(2) 소극적 안락사:

최근 우리나라에서는 존엄사를 인정하는 추세이다. 그 조건은 다음과 같다.
첫째, **회생 가능성이 없는 환자**
둘째, 환자의 진지한 치료 중단 의사
셋째, **연명 치료만 중단**
넷째, **반드시 의사에 의해 실행**

(1) 회생 가능성이 없는 환자:

(2) 연명 치료만 중단:

(3) 반드시 의사에 의해 실행:

새단어

극심하다	고통	불치	단축하다	대체하다	인정하다
회생	진지하다	중단하다	실행하다	추세	

● 다음은 토론에서 자신의 의견을 말할 때 사용하는 표현들입니다. 표현을 익혀 보세요.

1. 제 생각에는 / 제 짧은 생각으로는

- 제 생각에는 환자와 환자 가족을 위해 안락사는 필요합니다.
- 제 짧은 생각으로는 안락사는 의사가 자신이 해야 할 일을 하지 않고, 오히려 환자를 죽음으로 몰아가는 것입니다.

2. –에 의하면 / –에 따르면

- 통계에 의하면 현재 전국 대학 병원에 입원 중인 중환자 수는 약 10만 명 정도라고 합니다. 그 중 매년 연명 치료를 받다가 사망하는 수는 적게 잡아도 2000명입니다.
- 신문 기사에 따르면 안락사를 허용한 나라에서 건강한 노인들까지 안락사를 희망한다고 합니다.

3. –기 마련이다

- 경제적으로 어려운 사람들은 당장 치료를 포기하기 마련입니다.
- 비참하고 고통스럽게 사느니 차라리 죽는 게 낫다고 생각하기 마련입니다.

4. –(이)야말로

- 적극적 안락사야말로 인간의 기본적인 권리라고 생각합니다.
- 적극적 안락사야말로 살인과 다를 것이 없다고 생각합니다.

5. –을 게 분명하다 / 불을 보듯이 뻔하다

- 만약 안락사가 허용된다면 처음에는 불치의 환자에 한하겠지만, 점점 대상이 확대될 게 분명합니다.
- 돈 때문에, 그리고 고통을 참지 못해서 안락사를 선택하는 사람들이 늘어나게 될 것입니다. 이것은 불을 보듯이 뻔합니다.

읽기 I

● 여러분은 웰빙과 관련된 무엇을 들어 봤습니까? 여러분이 웰빙을 위해 실천하고 있는 것은 무엇이 있습니까?

건강일보

'웰빙' 이 키워드

최근 다시 웰빙이 열풍이다. '웰빙 푸드', '웰빙 하우스', '웰빙 요가', '웰빙 클럽' 등 웰빙이라는 단어를 여기저기서 볼 수 있다.

요즘은 바쁜 일상 속에서 '힐링'과 '웰빙'을 위한 주말 여행과 힐링 휴가를 계획하는 사람들이 늘어나고 있다. 이곳 휴양림은 약 50만 평 크기의 면적으로 아름다운 소나무가 펼쳐져 있고 웅장하게 늘어선 편백나무 숲과 건강에 좋은 맥반석, 다양한 야생화들로 자연이 주는 환경에 감탄사가 절로 나온다.

● 다음 밑줄 친 부분을 주의하면서 함께 이야기해 봅시다.

사람은 누구나 한 번 죽습니다. 부자나 가난한 사람이나 모두 평등하게 죽습니다. 그래서 모두 사후 세계에 대해 궁금할 수 있을 것입니다. 여러분은 사후 세계에 대해 어떻게 생각해요?

각 나라마다 다르지만 부모님이나 조부모님이 돌아가신 후에 재산을 물려주신다면 생활에 많은 도움이 될 수 있을 것입니다. 여러분이 후에 후손들에게 상속을 할 수 있다면 무엇을 주고 싶습니까?

자신의 사후에 자신의 간, 심장, 폐 등의 장기로 다른 사람을 살릴 수 있다면 그것 또한 의미 있는 일이 될 것입니다. 이러한 장기 기증에 대해 어떻게 생각하십니까?

● 다음은 '잘 죽는 것, 웰다잉(well-dying)'에 대한 글입니다. 글을 읽고 물음에 답하세요.

웰다잉(well-dying)을 생각해 봤나요?

대한민국에서 현재 이 시대를 살고 있는 사람이라면 '웰빙(well-being)'이라는 말을 한두 번이라도 안 들어본 사람은 없을 것이다. 그만큼 웰빙이라는 단어는 이 시대를 살아가고 있는 우리들이 매우 가치를 두고 있는 단어라 해도 과언이 아닐 것이다.

'웰빙'을 한 마디로 한다면 '잘 사는 것'이라고 할 수 있을 것이다. 잘 살기 위하여 우리는 무엇보다 건강에 가장 신경을 쓰며, 잘 사는 것은 곧 행복과도 일맥상통하여 어떻게 하면 행복한 삶을 살 수 있을까 그 행복을 쫓으며 살고 있다. 그래서 우리는 눈만 돌리면 여기저기서 웰빙 음식, 웰빙 여행, 웰빙족 등 웰빙과 관련된 다양한 것들과 마주치게 된다. ㉠ '웰다잉'은 말 그대로 '잘 죽는 것'이라고 할 수 있겠는데 다소 무겁고 진지한 의미를 가지고는 있지만 누구든지 마음 한 켠에 생각하고 있어야 할 것임에는 분명할 것이다. ㉡

그렇다면 웰다잉을 위해서 필요한 것은 무엇이며 또 지금 당장 그것을 위하여 우리가 직접 실천할 수 있는 것은 무엇일까? ㉢ 개인마다 웰다잉에 대한 기준도 다르고 그 의미도 다르겠지만 여기서는 한국 웰다잉 강사협의회에서 제시하고 있는 웰다잉을 위한 세 가지 제안을 소개하고자 한다. ㉣

유언장 쓰기

유언장에는 지금껏 살아오면서 내 주변의 모든 이에게 하고 싶었던 말이나 남기고 싶은 말들을 쓸 뿐만 아니라 내 사후의 장례 방법, 재산 상속 등과 관련된 내용까지도 구체적으로 적어야 한다. 생을 마치기를 기다리는 사람이 아니더라도 한번쯤 유언장을 써 본다면 삶을 대하는 태도와 마음가짐이 분명히 달라질 것이다.

장례방식 결정하기

장례식은 죽은 자가 주인공이다. 장례식의 주인공인만큼 장례식 절차에 대해 결정할 수 있는 권한 또한 제일 많다. 죽기 전에 장례의 방법이나 장지 등에 대한 자신의 입장을 분명히 밝혀 둔다면 남아 있는 가족들의 선택과 결정에 많은 도움이 될 수 있다.

사전의료의향서 작성하기

사전의료의향서란 만약 불의의 사고나 병으로 의사 표현을 할 수 없는 상황에 처했을 때, 의료행위를 어디까지 할 것인지를 미리 결정해 두는 것이다. '당사자의 정신이 건강할 때' 자신의 의사를 밝힌다는 점이 사전의료의향서의 주요 포인트이다. 이 서류에 들어갈 내용은 장기 기증 여부, 생명을 연장하기 위한 의료 행위 여부, 의사에게 당부할 점 등이다. 사전의료의향서 작성은 남은 가족의 짐을 덜어 주고 인간의 존엄성을 지키면서 죽음을 맞이할 수 있는 방법으로 최근 이를 작성하려는 사람들이 많이 늘어나고 있는 추세이다.

1. 아래 내용이 알맞게 들어갈 곳은 어디입니까?

> 그런데 요즘 이 '웰빙'과는 대조적인 개념인 '웰다잉(well-dying)'에 대한 관심이 점점 높아지고 있다.

(1) ㉠　　(2) ㉡　　(3) ㉢　　(4) ㉣

2. 위 내용과 다른 것은 무엇입니까?

(1) 현대인들은 잘 사는 것에 대한 관심이 많다.

(2) 유언장에는 될 수 있는 대로 구체적으로 기술하는 것이 좋다.

(3) 죽은 후에 치르는 장례식에서는 가족들의 편의를 고려하는 것이 중요하다.

(4) 당사자의 정신이 온전할 때 의료행위의 범위를 정해 놓는 일이 많아졌다.

3. 여러분의 유언장에 쓰고 싶은 내용을 함께 이야기해 보세요. 남기고 싶은 말이 제일 많은 상대는 누구입니까? 그리고 남기고 싶은 말 가운데 어떤 내용이 제일 많습니까?

4. 여러분이 원하는 여러분의 장례식 모습과 절차에 대하여 상상하여 이야기해 보세요.

5. 여러분은 사전의료의향서를 미리 작성할 의향이 있습니까? 여러분의 의향과 더불어 구체적인 이유도 함께 이야기해 보세요.

새단어

가치	과언	일맥상통하다	켠	사후	상속
절차	장지	불의	의료행위	장기 기증	

읽기 II

● 여러분은 동물의 안락사에 대하여 어떻게 생각합니까? 어떤 경우에 동물의 안락사가 이루어질 수 있다고 생각합니까?

● 그렇다면 이번에는 인간의 안락사에 대하여 어떻게 생각합니까? 그렇게 생각하는 이유를 구체적으로 이야기해 보세요.

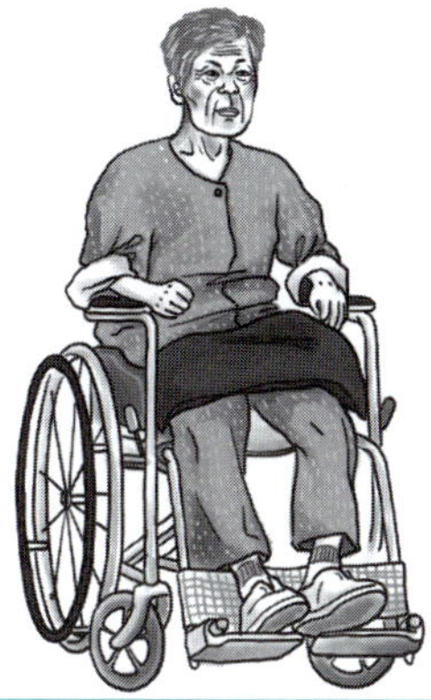

● 다음 〈보기〉에서 알맞은 뜻을 찾아 쓰세요.

보기	합법화	약자	강자	고의	연장

(1) 힘이나 기능 등이 약한 생물이나 사람 (　　　　　　)

(2) 일부로 또는 억지로 하는 생각이나 뜻 (　　　　　　)

(3) 시간이나 거리 등을 처음보다 길게 늘리는 것 (　　　　　　)

(4) 법이나 규칙, 규범에 맞도록 하는 것 (　　　　　　)

● 다음은 안락사에 대한 생각을 쓴 글입니다. 글을 읽고 물음에 답하세요.

안락사에 대한 찬반 논쟁

〈안락사를 합법화해야 할까?〉

'안락사'는 치료 방법이 없어 더 이상의 생명 유지가 무의미하다고 판단되는 경우 직간접적 방법으로 고통 없는 죽음에 이르게 하는 것을 말한다. 이 중 적극적인 안락사는 약물, 주사 등으로 환자의 죽음을 야기하는 것이며, 소극적 안락사는 무리하게 생명을 연장하는 치료를 중단하고 죽음을 맞는 것을 가리키는 것으로 흔히 '존엄사'라고도 한다.

한 설문 조사에 따르면 우리나라 국민 10명 가운데 7명은 소극적 안락사, 즉 존엄사에 찬성한다고 한다. 게다가 환자의 요구를 받아들여 의사가 약물이나 의료 기구로 환자를 죽게 하는 적극적 안락사에 대해서도 50%가 넘는 사람들이 찬성한다고 한다. 이러한 설문 조사는 안락사를 합법화하려는 움직임에 힘을 실어 주고 있다.

그러나 적극적 안락사 찬성에는 치명적인 문제가 있다. 바로 살고 싶으나 돈이나 가족들의 시선 때문에 어쩔 수 없이 안락사를 선택해야 하는 사회적 약자들이다. 특히 장애인이나 노인들은 살고 싶은데도 불구하고, 가족들에게 부담이 될까 봐 죽음을 선택하게 되는 경우가 많아질 것이다.

안락사나 존엄사를 시행하려면 환자 본인의 의사가 있어야 한다는 게 가장 중요하지만 원칙과 다르게 이것이 오남용될 수도 있다. 이미 존엄사의 경우 불가피한 경우에는 가족의 동의만으로도 가능한데, 안락사가 허용된다면 그 적용 범위가 넓어질 수 있기 때문이다. 실제로 안락사를 허용하는 나라들에서 신체적으로 아무 문제가 없어도 정신적 고통을 견디지 못하고 안락사를 원하는 노인이 늘어나고 있는 것도 한 예가 될 것이다.

돈이 많거나 적거나 상관없이 인간의 생명은 존엄하므로 고의나 타의로 함부로 훼손해서는 안 된다. 안락사를 허용하게 되면 생명을 가볍게 여기는 분위기가 커져서 사회에 악영향을 끼칠 뿐만 아니라 범죄에 악용될 여지가 있을 것이다.

새단어

합법화	야기하다	약물	기구	힘을 싣다	치명적	시선
약자	부담	원칙	불가피하다	존엄하다	고의	타의
훼손하다	악용되다	여지				

〈 ㉠ !〉

인간이라면 누구나 인간답게 살아야 한다. 이것이 바로 인간의 존엄성이다. 그러나 말기 암 환자나 불치병에 걸린 환자들, 그리고 인공호흡기에 의지해 하루하루 생명을 연장해 가는 중환자들의 삶은 그야말로 지옥과 같다. 그들의 고통은 그 누구도 대신할 수 없을 뿐만 아니라 짐작조차 할 수 없다.

그런 그들에게 끝까지 생명의 끈을 놓지 말라고 누가 강요할 수 있겠는가? 의사가? 아니면 가족들이? 아니다. 이것은 바로 환자 자신의 문제이기 때문에 환자 자신이 결정을 내려야 한다.

환자 자신이 더 이상 비참하게 삶을 연장할 의사가 없다면, 또 더 이상 무의미한 치료로 인해 고통받고 싶지 않다면 우리는 그 의사를 존중해 주어야 한다. 그것이야말로 진정한 인간의 존엄성을 지키는 일이다.

또한 생명을 인위적으로 연장시키는 것은 환자 자신뿐 아니라 가족에게도 큰 부담을 주는 것이다. '긴 병에 효자 없다'는 말이 있다. 병이 오랫동안 지속된다면 아무리 가족이라도 처음과 같은 마음으로 환자를 돌볼 수 없는 것은 분명하다.

누구나 인간답게 살 권리가 있듯이, 누구나 인간답게 죽음을 맞이할 권리가 있는 것이다. 이제 우리 사회가 성숙한 판단을 내려야 할 때가 되었다.

새단어

품위	불치병	인공호흡기	의지하다	연장하다	중환자
지옥	짐작하다	(생명의) 끈	강요하다	비참하다	무의미하다
존중하다	맞이하다	성숙하다	판단		

1. 안락사와 관련된 내용 중 일치하지 않은 것을 고르세요.

(1) 안락사가 범죄에 악용될 수 있기 때문에 위험하다.

(2) 안락사를 허용한 나라에서는 엄격하게 안락사를 관리하고 있다.

(3) 안락사를 허용하게 되면 본인의 의사와 상관없이 죽게 될 수도 있다.

(4) 한국의 국민 중 70%가 소극적 안락사에 찬성하는 것으로 조사되었다.

2. 제목 '안락사를 합법화해야 할까?'를 평서문으로 바꾸어서 다시 써 보세요.

3. 안락사에 반대하는 주장의 근거를 요약하세요.

첫째, ______

둘째, ______

셋째, ______

4. ㉠에 알맞은 제목을 넣어 보세요.

5. 안락사를 찬성하는 근거 두 가지를 찾아 쓰세요.

첫째, ______

둘째, ______

6. '긴 병에 효자 없다'는 무슨 뜻일까요?

의사소통활동

● 토론은 다음과 같은 과정으로 진행됩니다.

토론 준비하기

(1) 주제 선정

이런 주제가 적당해요

- 많은 사람이 관심을 가지고 있는 주제
- 찬성과 반대의 의견이 모두 있는 주제
- 구체적이고 객관적인 주제

(2) 자료 수집

사회자는~

주제와 시간에 맞게 토론을 진행합니다.

토론자는~

상대방의 주장을 존중하면서 잘 듣습니다.

평가자는~

토론에 참관하여 토론자들을 평가합니다.

(3) 토론 참가자 정하기

토론하기

토론 순서

- 사회자가 토론 시작을 알리면 찬성팀이 정해진 시간 안에 발언을 한다.
- 반대팀이 상대 의견을 반박하고 찬성팀은 의견을 보충해서 발언한다.
- 사회자는 토론이 끝나면 마무리 발언을 한다.

점검하기

토론이 끝난 후 토론자에 대한 평가

● '안락사 합법화'를 주제로 토론해 봅시다.

토론 준비하기

(1) 주제 선정

(2) 자료 수집

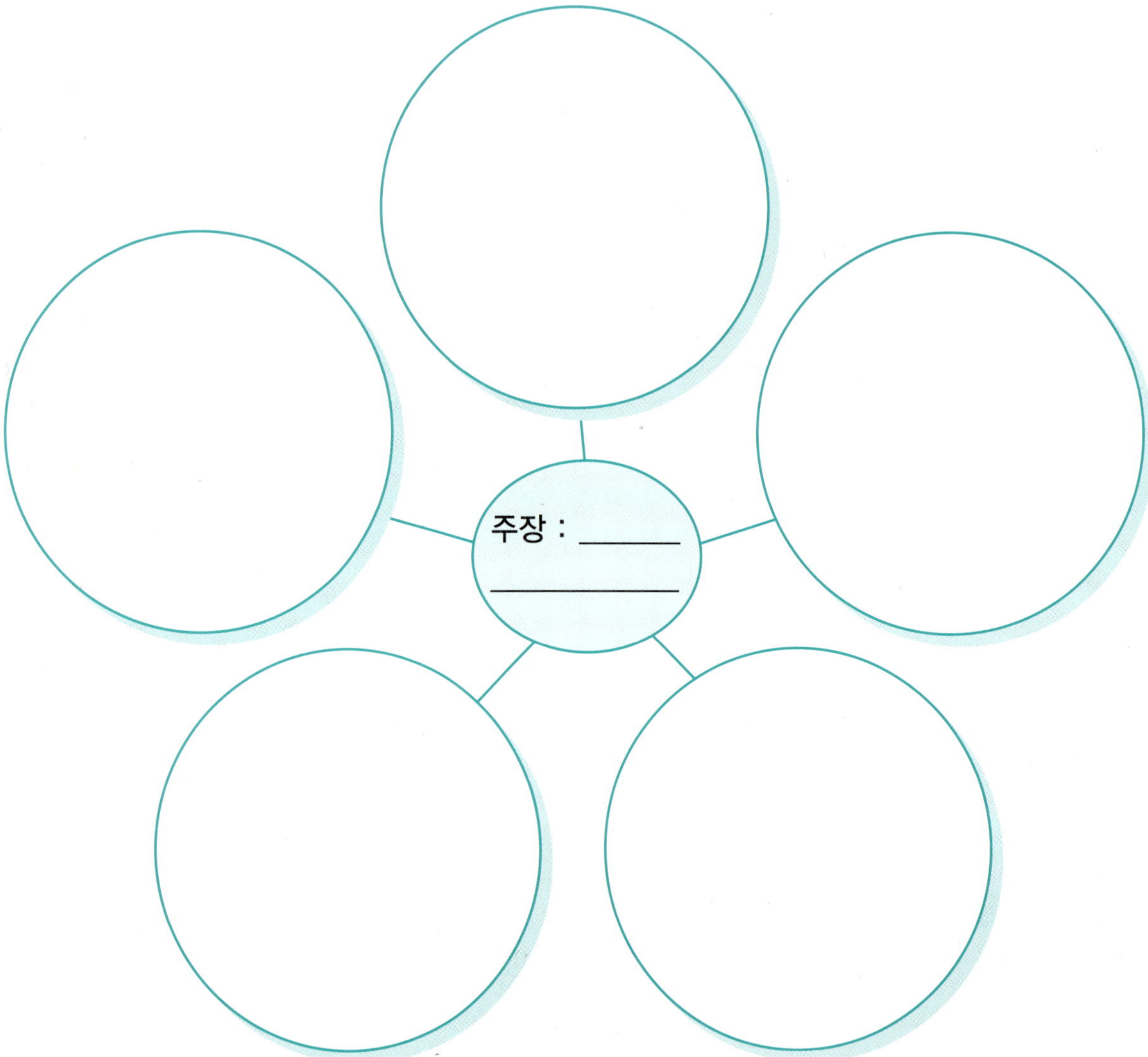

(3) 상대방의 주장에 반박할 것은 무엇입니까?

주장	반박 내용

토론 동영상 보기

토론하기

점검하기

점검 질문	토론자					
	찬성①	찬성②	찬성③	반대①	반대②	반대③
1. 주장의 처음과 끝이 같았나요?						
2. 제시한 자료는 정확했나요?						
3. 상대편의 주장을 논리적으로 잘 반박했나요?						
4. 토론 규칙을 잘 지켰나요?						
5. 발음이 정확하고 태도에 예의가 있었나요?						
최종 결과						

(○, △, ×로 판정 결과를 나타내도록 한다.)

문형

1 와/과 다르게(달리) -(으)ㄹ 수도 있다

생각이나 기대, 일반적인 상식과 다른 결과가 나타날 수 있을 때 사용한다.

'기대, 예측, 생각, 걱정' 등의 표현에 자주 연결된다.

- 경제에 대한 희망적인 기대와 달리 불경기가 계속 될 수도 있다.
- 많은 사람들이 걱정했던 것과 다르게 오히려 좋은 결과가 나타날 수도 있다.
- 선생님들의 예측과 달리 성적이 좋지 않던 사라 씨가 1등을 할 수도 있다.
- 결과가 우리의 가설과 다르게 나타날 수도 있다.

● '-와/과 다르게 -을 수 있다' 문법을 사용해서 문장을 완성하고 그 이유를 말해 보세요.

(1) 가: 이번 주말에 등산을 할까 하는데, 날씨가 어떨까요?

나: 일기예보에서 전국적으로 비가 올 거라고 했어요.

가: ______________________________

(왜냐하면) ______________________________

(2) 가: 친구가 한국어를 좀 어려워 하기에 도와 주려고 했는데, 아무래도 친구 기분이 상한 것 같아. 어떻게 하지?

나: ______________________________

(왜냐하면) ______________________________

(3) 가: 선생님께서 시험이 아주 어려울 거라고 하셨잖아. 걱정이야.

나: ______________________________

(왜냐하면) ______________________________

(4) 가: 보육료 지원으로 저출산 문제가 조금 해결될 것으로 기대하고 있대.

나: ______________________________

(왜냐하면) ______________________________

2 -(으)ㄹ지라도

어떤 상황을 제시하거나 가정하여 기대와 다른 결과, 또는 반대의 상황이 올 때 사용된다. '-더라도', '-(으)ㄹ지언정'과 바꾸어 쓸 수 있다.

- 그 아이는 나이가 비록 어릴지라도 일찍 철이 들어서 어른스럽다.
- 얼굴이 아무리 예쁠지라도 성격이 안 좋으면 예쁘다고 할 수 없다.
- 모든 사람이 그대를 떠날지라도 내가 그대 곁에 있음을 기억하세요.
- 사실을 말하고 혼이 날지라도 할 말은 꼭 해야겠어요.
- 아무리 많은 돈을 줄지라도 하지 말아야 하는 일이 있다.

● 다음은 한국의 속담입니다. 속담의 의미가 무엇일지 이야기해 보세요.

(1) 닭의 머리가 될지언정 소의 꼬리가 되지 마라.

(2) 하늘이 무너질지라도 솟아날 구멍은 있다.

● 다음 상황에서 여러분은 어떻게 하겠습니까? '-을지라도' 문법을 사용해서 말해 보세요.

상황 1 아침에 알람이 울리지 않아서 늦게 일어났다. 수업 시작까지 30분이 남았다. 나는 화장을 하는 데 30분이 걸리고 아침도 먹고 싶다.

상황 2 한국 생활이 쉽지 않다. 물가가 비싸서 생활비가 부족할 때가 많다. 그래서 아르바이트를 할까 하는 생각이 든다. 그런데 아르바이트를 하면 한국어 공부할 시간이 부족하다.

3 -은/는/을 게 분명하다

어떤 일을 보지 않았어도 상황을 확실히 알 수 있을 때 쓰는 추측 표현이다. '분명하다' 대신 '틀림없다'나 '확실하다'를 사용할 수 있다.

- 가: 그 사람 직업이 뭘까요?
  나: 말투로 봐서 선생님인 게 분명해요.
- 모든 증거를 보면 그 사람이 범인인 게 분명해요.
- 내 눈을 똑바로 바라보지 못하는 걸 보니 네가 나에게 거짓말을 한 게 분명해.
- 목이 졸린 자국으로 보아 타살인 게 틀림없다.
- 그 사람이 내 말을 엿들은 게 분명하다.
- 두 사람이 오늘 학교에 안 올 게 분명하다.

● 다음 그림을 보고 '-은/는/을 게 분명하다'로 말해 보세요.

단서 미소, 카메라, 음식, 히잡, 생일 케이크

" 모두 오늘 무슨 좋은 일이 있는 게 분명해요. 다들 미소를 띠고 있잖아요."

4 -(으)ㄴ/는데도 불구하고

앞의 상태, 상황과 다른 결과나 사실이 뒤에 이어질 때 쓴다. 보통 앞의 상황이 부정적이거나 어려운 경우에 그것을 극복하고 뒤의 행동을 할 때 쓴다. '불구하고'가 생략된 형태로 많이 쓰인다.

- 가: 선생님 괜찮으세요? 많이 편찮아 보이세요.
  나: 네, 제가 많이 아파요. 그렇지만 이렇게 아픈데도 불구하고 여러분과 공부하려고 왔으니까 열심히 합시다.
- 이 물건은 가격이 싼데도 불구하고 품질이 좋아요.
- 비가 오는데도 불구하고 소풍을 가기로 했어요.
- 그 사람이 나를 싫어하는데도 불구하고 그 사람이 좋은 걸 어떻게 해요?
- 월급이 많은데도 불구하고 물가가 비싸서 생활하기 쉽지 않다.

● '-은/는데도(불구하고)' 문법을 사용해서 문장을 완성해 보세요.

(1) ______________________________ 계속 한국에 있을 거예요.

(2) ______________________________ 그 아르바이트는 하지 않기로 했어요.

(3) ______________________________ 남자 친구를 용서할 수 없어요.

(4) 숙제를 한 번도 안 하는데도 불구하고 ______________________________.

(5) 열심히 일하는데도 불구하고 ______________________________.

(6) 양국의 관계가 지속적으로 악화되는데도 불구하고 ______________________________

______________________________.

08 속담과 표현

말하기

속담 소개하기

읽기

속담이란? / 속담과 고사성어 이야기

문형

-는 바와 같이 / -아/어/여서 그런지 /
-(으)려니 생각하다 / -을 무릅쓰고

말하기

● 여러분이 알고 있는 한국 속담이 있습니까? 알고 있는 한국 속담을 모두 말해 보고 그 의미를 함께 이야기해 보세요.

● 다음과 같은 상황을 어떻게 말할 수 있을까요? 이 표현은 언제 쓸 수 있을 것 같습니까?

듣기

● 속담 표현에 유의하며 두 사람의 대화를 들어 보세요.

1. 다음 빈칸을 채우세요.

(1) ______________________________ 마시지 마세요.

(2) ______________________________ 두드려보고 건너라는 말이 있잖아요.

(3) ______________________________ 비슷한 속담이 많거든요.

2. 다음 중 들은 내용과 일치하는 것을 고르세요.

(1) 로자는 한국어 능력 시험 6급을 목표로 하고 있다. ☐

(2) 애리는 이미 한국어 능력 시험 5급에 합격했다. ☐

(3) 로자는 지난 시험에 문제가 생겨서 시험을 보지 못했다. ☐

(4) 애리는 현재 속담과 관련된 졸업논문을 쓰고 있다. ☐

Track 09

대화

애리 로자 씨. 한국어 능력 시험 공부 많이 했어요?

로자 네, 이번에는 느낌이 아주 좋아요. 6급에도 합격할 것만 같은 느낌이에요. 진짜 이러다가 6급에 합격하는 게 아닌가 싶어요.

애리 김칫국부터 마시지 마세요. 그러다가 실망하게 되면 어쩌려고요. 5급에만 합격해도 대단한 거예요.

로자 이번이 세 번째 도전하는 시험이라서 그런지 별로 긴장되지 않아서 그래요. 그냥 농담이려니 생각해 주세요.

애리 그나저나 수험번호는 확인했어요? 지난 번 시험은 접수가 잘못 되어서 시험에 응시하지도 못했잖아요.

로자 걱정하지 마세요. 이번에는 접수할 때 완벽하게 했어요.

애리 그래도 혹시 모르니까 한번 더 확인해 보세요. '돌다리도 두드려 보고 건너라' 는 말이 있잖아요.

로자 알았어요. 알았어. 역시 애리 씨는 꼼꼼해요. 가끔은 우리 엄마 같다니까요. 애리 씨는 한국어 능력 시험 이번에 안 보지요?

애리 네, 로자 씨도 아는 바와 같이 저는 4급이 있잖아요. 그냥 4급으로 만족해요. 지금 졸업 논문 쓰느라고 정신없기도 하고요.

로자 졸업논문 주제가 뭐예요?

애리 한국과 일본의 속담 비교예요. 한일 간 비슷한 속담이 아주 많거든요.

로자 저도 우리나라 속담과 한국 속담이 비슷한 게 많다고 생각했어요. 일본과도 비슷한 속담이 많군요.

애리 속담은 오랜 시간 동안 일상생활을 통해 전해 내려오는 지혜를 담고 있어서 그럴 거예요.

로자 재미있는 주제네요. 논문 잘 쓰길 바랄게요.

애리 로자 씨도 이번에 꼭 5급에 합격하길 바랄게요.

새단어

김칫국
대단하다
도전하다
수험번호
응시하다
졸업논문
주제
간
지혜

● 애리가 로자에게 왜 '돌다리도 두드려보고 건너라' 는 속담을 말했을까요? 이 속담의 의미와 관련 지어서 말해 보세요.

어휘 확장

● 한국의 속담

1. 다음 그림을 보고 속담의 뜻을 이야기해 보세요.

(1) 갈수록 태산이다

(2) 등잔 밑이 어둡다

(3) 개구리 올챙이 적 생각 못 한다

(4) 지렁이도 밟으면 꿈틀한다

2. 다음 밑줄 친 속담의 의미를 이야기해 보세요.

(1)

우리 반에는 매일 결석을 하는 마리암이라는 친구가 있는데, 우리는 오늘도 그 친구가 오지 않을 거라고 생각했다. 선생님께서 오늘 마리암 씨가 학교에 안 왔냐고 물어보셔서 우리는 "마리암 씨는 오늘도 학교에 안 올 거예요. 그냥 또 안 오려니 생각하세요."라고 말했다. 그런데 그 말이 끝나자마자 마리암 씨가 교실 문을 열고 들어왔다. <u>호랑이도 제 말하면 온다더니</u> 우리는 깜짝 놀라지 않을 수 없었다.

(2)

오랫동안 장마가 계속돼서 빨래를 하지 못했다. 그런데 오늘은 마침 날씨가 개어서 나는 해야 할 숙제가 많이 있는데도 불구하고 서둘러서 빨래를 시작했다. 옷들을 다 빨고 나니 미루었던 숙제를 한 것처럼 마음이 가벼웠다. 그리고 숙제를 하려고 책상에 앉았는데 침대에 있는 이불이 눈에 보였다. 그래서 빨래를 시작한 김에 이불 빨래까지 다 하게 되었다. 결국 숙제는 하지 못하고 하루 종일 빨래만 했다. '<u>떡 본 김에 제사 지낸다</u>'라는 말이 딱 어울리는 하루였다.

(3)

오늘은 하루 종일 바빠서 점심을 제대로 먹지 못했다. 너무 배가 고픈데, 친구가 저녁에 시간이 있으면 자기 집으로 오라고 전화를 했다. 저녁 요리를 했는데 생각보다 양이 많아졌다며 같이 먹고 싶다는 것이었다. 나는 반가운 마음에 당장 친구 집으로 갔다. 친구가 상다리가 부러지도록 음식을 준비했다. 배가 고픈데다가 음식까지 맛있어서 나는 '<u>마파람에 게 눈 감추듯</u>' 음식을 먹어치웠다.

(4)

친구들과 모처럼 명동에서 만나기로 약속을 했는데, 한 친구가 약속 시간이 넘도록 약속 장소에 오지 않았다. 우리는 친구가 걱정되는 마음으로 계속 전화를 했지만 전화 연결이 되지 않았다. 40분쯤 후에서야 약속 장소에 도착한 친구는 미안하다는 말을 하기는커녕 약속 장소를 이상한 곳에 정해서 찾아오기가 너무 힘들었다고 우리에게 오히려 화를 냈다. <u>방귀 뀐 놈이 성낸다</u>더니 정말 맞는 말이었다.

읽기 I

● 여러분 나라에서는 '말'에 대해서 어떤 생각을 갖고 있습니까? 말을 많이 하는 것과 적게 하는 것에 대해서 어느 것이 더 긍정적이라고 생각합니까?

● 여러분 나라에서 '말'에 대한 특별한 이야기나 속담이 있습니까? 그 이야기가 주는 가장 중요한 교훈은 무엇입니까?

● 다음은 무엇을 하고 있는 것 같습니까?

● 다음 밑줄 친 어휘에 주의하면서 읽어 봅시다.

어린이를 위한 동화를 읽어 보면 교훈적인 이야기가 많다. 이야기를 통해서 지혜를 배울 수 있도록 하는 것인데, 갑자기 하늘에서 밧줄이 내려온다든지, 토끼가 바다로 간다든지 하는 비논리적인 내용도 있고, 어떤 사람이 방귀를 뀌면 나무가 날아 간다든지 하는 과장된 내용도 많이 나온다.

● 다음은 속담에 대한 읽기입니다. 글을 읽고 물음에 답하세요.

속담이란?

속담은 예로부터 전해져 내려오는 조상들의 지혜가 담긴 표현이다. 속담은 대개 문장의 형식으로 되어 있고, 삶을 통해 얻어진 교훈을 비유적으로 담고 있다. 그렇기 때문에 속담을 통해서 그 나라의 문화를 이해할 수 있다. 이런 의미에서 속담은 그 민족의 생각과 문화적 특징을 엿볼 수 있는 중요한 자료라고 할 수 있다.

다음 속담을 살펴보자.

1. 말 한 마디로 천 냥 빚을 갚는다.
2. 가는 말이 고와야 오는 말이 곱다.
3. 발 없는 말이 천 리 간다.
4. 낮 말은 새가 듣고 밤 말은 쥐가 듣는다.

이 속담들은 모두 '말'과 관련된 속담인데, 한국인들의 말에 대한 생각을 알 수 있다. 1번과 2번 속담은 말을 잘 해야 한다는 것을 보여준다. '말 한 마디로 천 냥 빚을 갚는다'는 속담은 말은 큰 빚을 갚을 수 있을 만큼 그 힘이 크다는 것을 의미하고, '가는 말이 고와야 오는 말이 곱다'는 사람 관계에서 말이 중요한 역할을 한다는 것을 의미한다. '발 없는 말이 천 리 간다'와 '낮 말은 새가 듣고 밤 말은 쥐가 듣는다'라는 속담은 말을 아끼고 조심해야 한다는 것을 보여준다.

반면 서로 상반되는 의미를 가진 속담도 있다.

5. 열 번 찍어 안 넘어 가는 나무 없다.
6. 오르지 못할 나무는 쳐다보지도 마라.

5번 속담은 실패를 무릅쓰고 되풀이하면 결국 그 일을 이룰 수 있다는 의미인 반면 6번 속담은 가능성이 없는 일은 처음부터 바라지도 말라는 의미이다. 이처럼 서로 상반되는 속담의 짝을 많이 찾을 수 있는데, 이것은 속담이 비논리적이라서 그런 것이 아니라 오랜 시간 전해 내려오며 일상생활의 지혜가 축적된 것이기 때문이다.

또 속담의 표현은 과장된 경우가 많다. '둘이 먹다가 하나가 죽어도 모른다' 처럼 전달하려는 의미를 과장되게 표현한 속담이 많은데, 속담이 한 문장 안에 강한 메시지를 담기 때문이다. 짧지만 강력한 의미를 전달하기 위해서는 실제 사실보다 강조하여 표현하는 것이 효과적이다.

새단어

교훈	비유적	엿보다	상반되다	되풀이하다
짝	비논리적	축적되다	과장되다	

1. 다음 중 읽은 내용과 일치하는 것을 고르세요.

(1) 속담은 보통 과장해서 의미를 전달한다. ☐

(2) 한국 속담은 '말' 과 관련된 것이 가장 많다. ☐

(3) 속담을 통해 그 나라 사람들의 생각을 읽을 수 있다. ☐

(4) 속담은 오랜 시간 전해 내려왔기 때문에 논리적이지 않다. ☐

2. 속담이란 무엇인지 정의해 보세요.

속담이란 ______________________________

3. 속담이 과장된 표현을 많이 사용하는 이유는 무엇인지 찾아 쓰세요.

4. 위에 나온 속담의 뜻을 쓰고 어떤 상황에서 이 속담을 사용할 수 있을지 이야기해 보세요.

(1) 말 한 마디로 천 냥 빚을 갚는다.

- 뜻 : ______________________________
- 상황 : ______________________________

(2) 가는 말이 고와야 오는 말이 곱다.

- 뜻 : ______________________________
- 상황 : ______________________________

(3) 발 없는 말이 천 리 간다.

- 뜻 : ______________________________
- 상황 : ______________________________

(4) 낮 말은 새가 듣고 밤 말은 쥐가 듣는다.

- 뜻 : ______________________________
- 상황 : ______________________________

(5) 열 번 찍어 안 넘어 가는 나무 없다.

- 뜻 : ______________________________
- 상황 : ______________________________

(6) 오르지 못할 나무는 쳐다보지도 마라.

- 뜻 : ______________________________
- 상황 : ______________________________

읽기 II

● 다음 사진을 보고 맞는 어휘를 쓰세요.

(1)  ______________

(2)  ______________

(3)  ______________

(4)  ______________

● 다음 지역은 어디에 있습니까? 위치가 어때 보이나요?

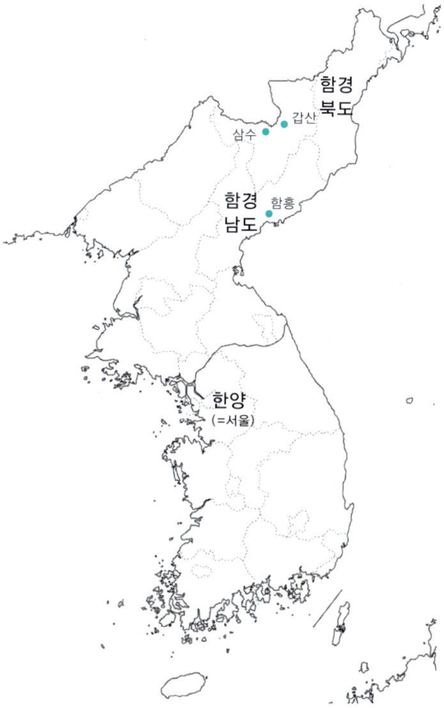

● 여러분 나라의 이야기에 자주 등장하는 동물이 있습니까?

그 동물에 대한 이미지는 어떤 것입니까?

(1) ______________________________

(2) ______________________________

● 다음은 속담과 고사성어에 얽힌 재미있는 이야기입니다. 글을 읽고 물음에 답하세요.

속담과 고사성어 이야기

다음은 옛날부터 전해져 내려오는 속담과 고사성어에 대한 이야기이다. 다음을 읽고 여러 나라에 비슷한 이야기가 있는지 비교해 보자.

• 꿩 대신 닭

꿩이 없으면 대신 꿩과 비슷하게 생긴 닭이라도 선택한다는 의미로 적당한 것이 없을 때 비슷한 것으로 대신할 때 사용한다.

꿩은 알을 품고 있을 때 산에 불이 나면 불에 타서 죽을지언정 알을 두고 날아가지 않는 모성애를 가지고 있다고 한다. 그리고 산불에 새끼가 나오지 못하면 구하러 날아 들어 가기도 한다. 또한 수컷끼리 싸움을 할 때 어느 한쪽이 죽어야 끝이 나며, 불리하다고 도망치는 일이 없어서, 옛날 장수들이 그 용기를 본받기 위해 머리에 꿩 깃털을 꽂고 다녔다. 이처럼 한국에서 꿩은 모성애의 상징이자 용기의 상징이었다.

• 나중에 삼수갑산을 갈지라도

결과가 최악이 되더라도 우선 그것을 해보겠다는 의미이다.

'삼수' 는 함경북도에 있는 지역이고, '갑산' 은 함경남도에 있는 지역인데, 이 두 지역은 한국에서 가장 추울뿐더러 산이 깊어 교통이 불편한 지역이었다. 그래서 옛날부터 유배지로 유명했으며, 한번 가면 살아서 돌아오기 힘들었다. 그래서 몹시 어려운 상황을 이르는 말로 삼수갑산을 사용하게 되었다.

• 동네북

이 사람 저 사람에게 비난을 받거나, 여러 사람에게 분풀이의 대상이 되는 사람을 비유하여 말한다.

한국의 잔치에 사용되는 북이나 장구 같은 악기는 옛날에는 마을마다 공동으로 마련하여 가지고 있었다. 동네 악기는 누구나 필요하면 가져가서 두드릴 수 있었는데, 여기에서 아무나 쉽게 분풀이를 한다는 의미로 '동네북' 이라는 말이 생겨났다.

• 함흥차사

심부름을 간 사람이 돌아오지 않을 때 사용한다.

조선을 세운 이성계에게는 아들이 여덟이 있었다. 그 중 다섯째 왕자인 이방원은 아버지를 도와 조선을 세우는 데 큰 역할을 하였다. 그러나 이방원은 세자가 되지 못했고, 이방원을 견제하려는 세력들 때문에 점점 처지가 힘들어졌다. 그래서 이방원은 그들을 모두 죽이고, 자신의 이복형제인 방번과 방석(세자)마저 살해하였다. 이것을 왕자의 난이라고 한다. 그 후 이방원은 자신의 셋째 형을 왕으로 세우지만, 결국 형마저 귀향 보내고 2년 뒤에 자신이 왕이 된다. 왕자들이 서로 싸우고 죽이는 모습을 보게 된 이성계는 왕위를 물려주고 함흥으로 가서 지낸다. 왕자의 난을 거쳐 조선의 제3대 왕이 된 이방원은 아버지인 이성계에게 사죄하기 위해 함흥으로 계속 사신을 보내지만, 화가 난 이성계는 이방원이 보낸 사신들을 죽이기도 하고, 가두기도 한다. 그래서 함흥으로 간 사신은 가기만 하면 깜깜소식이라는 의미로 함흥차사라는 말이 생겨났다.

• 새옹지마

나쁜 일이 좋은 일이 되기도 하고, 좋은 일이 나쁜 일이 되기도 한다는 의미이다.

옛날 중국의 북쪽 변방에 한 노인이 살고 있었는데, 어느 날 이 노인이 기르던 말이 도망가 버렸다. 마을 사람들이 노인을 위로하자, 노인은 "이 일이 복이 될지 어찌 알겠소?"라고 말했다. 그리고 몇 달 뒤에 도망쳤던 말이 다른 말을 데리고 돌아왔다. 마을 사람들은 노인에게 "어르신께서 말씀하신 바와 같이 그 일이 복이 되었습니다"라고 축하 인사를 했다. 그러나 노인은 기뻐하지 않고 "이 일이 화가 될지 또 어찌 알겠소?"라고 하는 것이었다. 며칠 후 노인의 아들이 그 말을 타다가 떨어져 다리가 부러지고 말았다. 동네 사람들은 모두 크게 걱정을 하였지만, 노인은 예상했던 일이어서 그런지 차분하게 "이 일이 복이 될지 또 어찌 알겠소?"라고 했다. 그로부터 얼마 지나지 않아 전쟁이 나서 마을의 젊은이들이 전쟁터에 나가게 되었는데, 노인의 아들은 다리를 다쳐서 전쟁에 나가지 않게 되었다.

새단어

고사성어	모성애	수컷	장수	본받다	유배지
이르다	분풀이	견제하다	처지	이복형제	살해하다
귀향	사신	깜깜소식	변방		

1. 다음 중 읽은 내용과 일치하는 것을 고르세요.

(1) 함흥차사는 한국의 역사 속에서 생겨난 말이다.

(2) 삼수와 갑산은 경치가 아름다운 곳을 이르는 말이다.

(3) 옛날 한국에서는 각 집마다 장구나 북을 가지고 있었다.

(4) 한국 사람들은 꿩이 귀하기 때문에 닭보다 소중하게 생각했다.

2. 다음 중 표현이 잘못 쓰인 것을 고르세요.

(1) 남자친구가 바빠서 예매한 영화를 같이 볼 수 없다. 친한 친구와 같이 영화를 보았다. <u>꿩 대신 닭</u>이었지만 오랜만에 친구와 함께 영화를 보니 그것도 재미있었다.

(2) 우리 언니가 집에 오면 항상 나에게 짜증을 낸다. 왜 짜증을 내는지 이유를 모르겠다. 인생 <u>새옹지마</u>라고 이제 그만하면 좋겠다.

(3) 주식에 관심이 있는 친구가 처음에는 조금씩 투자하더니 이제는 가지고 있는 돈을 모두 주식에 투자했다. 걱정하는 나에게 친구는 <u>나중에 삼수갑산에 갈지라도</u> 지금은 통크게 투자를 해 보고 싶다고 말했다.

3. '함흥차사' 라는 말이 생기게 된 이유를 쓰세요.

____

____

4. 여러분 나라의 속담이나 표현 중 재미있는 이야기가 있는 것이 있습니까?
그 이야기를 소개해 보세요.

의사소통활동

1. 다음 속담이 쓰일 수 있는 상황을 대화로 만들어 보세요.

(1) 꿩 대신 닭

(2) 동네북

(3) 함흥차사

2. 속담은 옛사람들의 지혜를 담은 것이기 때문에 전 세계적으로 비슷한 것들이 많습니다. 한국의 속담과 여러분 나라의 속담 중 비슷한 것이 있습니까? 한국 속담과 비슷한 것을 찾아 소개해 보세요.

한국 속담	베트남 속담
바늘 도둑이 소 도둑 된다	어릴 때 닭 훔치고 어른일 때 소 훔칠 수 있다
나쁜 일은 아무리 작은 것이더라도 자꾸 하게 되면 큰 죄를 지을 수 있다는 뜻	

한국 속담	____________ 속담

한국 속담	____________ 속담

3. 여러분 나라의 속담을 소개해 보세요.

속담	
의미	

문형

Ⅰ -(으)ㄴ/는 바와 같이

앞에서 말한 내용 그 자체나 일 등이 뒷문장에서 그대로 나타날 때 사용한다.

- 우리가 예상한 바와 같이 코스피 지수가 급등했다.
- 우리가 아는 바와 같이 한국어 능력 시험은 I, II로 나누어져 있다.
- 선생님들이 예측한 바와 같이 미미 씨가 1등을 했다.
- 보시는 바와 같이 이 작품은 한국의 경치를 아름답게 화폭에 담아내고 있습니다.
- 게시판에 공고한 바와 같이 오늘 오후 2시부터 5시까지 엘리베이터 점검이 있습니다.

● '-은/는 바와 같이' 문법을 사용해서 말풍선을 완성하세요.

(1)

(2)
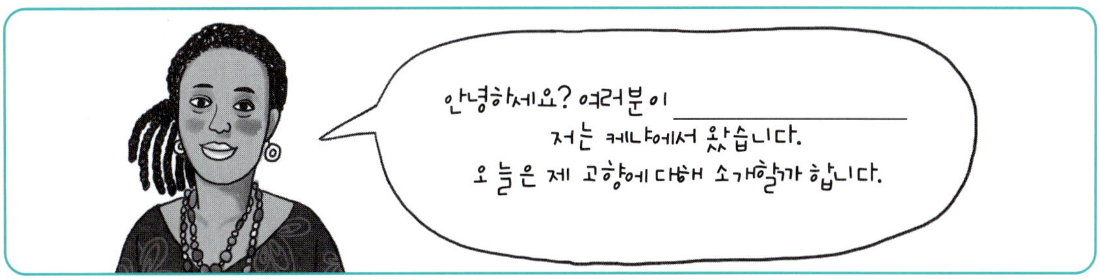

(3)

2 -아/어/여서 그런지

원인이나 이유를 추측할 때 쓰는 표현이다.

- 그 아이는 부모님이 일찍 돌아가시고 어려서부터 동생들을 보살펴서 그런지 하는 행동이 어른스럽다.
- 그 여자는 얼굴이 예뻐서 그런지 실력이 부족해도 사람들이 좋아한다.
- 비가 와서 그런지 주말 오후인데도 사람들이 공원에 별로 없다.
- TV에서 소개한 맛집이라서 그런지 평일에도 사람들로 북적인다.
- 태풍이 올라오고 있어서 그런지 강한 바람이 불고 있다.

● '-아/어/여서 그런지' 문법을 사용해서 이유를 추측해 보세요.

이유	
결과	수업시간에 조는 일이 잦다
이유	
결과	차가 많이 막혀서 제 시간에 도착하기 힘들지 싶다.
이유	
결과	과일이 달고 맛있다.
이유	
결과	숙제를 대충대충 한 눈치다

3 -(으)려니 생각하다

어떤 상황일 것이라고 추측할 때 쓰는 표현으로, '하다, 싶다, 생각하다, 여기다' 등과 함께 쓰인다.

- 가: 저는 그 분이 선생님인 줄 정말 몰랐어요.
  나: 저도 그 분의 말투로 봐서 학생이려니 생각했어요.
- 모두들 내가 깜짝 생일 파티를 눈치채지 못하려니 생각하겠죠?
- 마이클 씨가 기분이 안 좋은 건 날씨가 더워서 그러려니 생각하고 있어요.
- 이미 원서를 냈으니까 아무 걱정하지 말고 모든 일이 잘 되려니 생각하는 게 좋아요.

● '-으려니 생각하다' 문법을 사용하여 다음 상황에 맞게 대화를 완성하세요.

상황1 • 약속 시간에 항상 늦는 친구가 오늘도 약속시간에 늦게 와서 이야기를 한다.

친구: 미안해요. 오늘은 진짜 일찍 오려고 했는데, 연휴가 가까워서 그런지 차가 막혀서 늦었어요.

나: 괜찮아요. ______________________________.

상황2 • 책임감이 강한 직원이 무슨 일인지 맡은 일을 다 하지 못 해서 상사에게 혼이 나고 있다.

상사 : 무슨 일이 있었어요?

저는 사라 씨가 당연히 ______________________________.

직원 : 죄송합니다. ______________ 시간이 부족해서 끝내지 못했습니다.

상황3 • 두 사람이 정치인에 대해 이야기하고 있다.

가: 국회의원 선거 공약 봤어요? 하지도 못할 일을 다 써 놓은 것 같아요.
정치인들은 거짓말을 많이 하는 것 같아요.

나: ______________________________.
그렇지 않은 정치인들도 많아요.

4 '-을/를 무릅쓰고'

어려운 상태를 참고 견디면서 어떤 일을 할 때 쓰는 표현이다.

- 가: 마이클 씨, 사람들 앞에서 '곰 세 마리' 정말 잘 부르던데요.
  부끄러워하지도 않고요.
  나: 말도 마세요. 제가 부끄러움을 무릅쓰고 상품을 타기 위해 최선을 다했어요.
- 비바람을 무릅쓰고 그녀가 있는 곳으로 차를 몰고 갔다.
- 친구들의 야유를 무릅쓰고 끝까지 발표를 마쳤어요.
- 그 군인은 죽음을 무릅쓰고 앞으로 달려 나갔다.

● '-을/를 무릅쓰고' 문법을 사용해서 대답해 보세요.

1. 만약 사랑하는 사람이 생겼는데, 부모님께서 결혼을 반대한다면 어떻게 하겠어요?

2. 자신의 적성에 잘 맞는 일을 찾았는데 월급이 적다면 어떻게 하겠어요?

3. 어려움을 무릅쓰고 어떤 일을 한 적이 있어요?

4. 군인은 죽음을 무릅쓰고 전쟁에 나가는데 여러분도 나라를 위해 죽음을 무릅쓸 수 있어요?

09 한국의 문학

말하기

내가 쓴 문학 작품 소개하기

읽기

춘향전 / 황진이와 서경덕

문형

-은 채로 / -고도 남다 / -고도

말하기

● 문학의 종류는 어떤 것이 있을까요? 문학 장르에 대하여 알아보고 여러분이 좋아하는 장르와 그 이유를 이야기해 보세요.

● 여러분은 사실적인 소재와 허구적인 소재 중에서 어느 것을 다룬 책을 더 선호합니까?

● 한국의 문학 작품에 대하여 알고 있는 것을 이야기해 보세요. 그리고 직접 읽어 본 작품이 있다면 소개해 보세요.

듣기

● 다음은 한국 시에 대하여 이야기하고 있는 두 사람의 대화입니다. 잘 듣고 질문에 답해 보세요.

1. 다음 중 대화의 내용과 같은 것을 모두 고르세요.

(1) 처음 시집을 읽기 전에 겁이 났다. ☐

(2) 막상 시집을 읽어 보니 이해하기 힘들었다. ☐

(3) 다른 친구는 선물로 받은 소설책이 그대로 책상 위에 있다. ☐

(4) 나라가 다르면 그 나라 사람의 감정 또한 다르다. ☐

(5) 문학은 읽기에 왠지 쉽지 않게 느껴졌다. ☐

(6) 추천 받은 시를 읽어 보기로 마음 먹었다. ☐

2. 이 사람은 김소월과 그의 작품 '진달래꽃'을 어떻게 소개하고 있습니까?

Track 10

대화

제니 오랜만에 서점에 오니까 흥미로워 보이는 책들도 많이 보이네요.

링링 저는 요즘 친구한테 받은 한국 시집을 읽고 있는데 좀 어렵긴 해도 참 좋더라고요.

제니 시집이요? 아무리 한국어에 익숙해도 한국어로 된 시를 이해하기는 좀 어렵지 않아요?

링링 사실 저도 처음엔 겁이 좀 났는데 막상 읽어 보니까 공감가는 것도 많고 이해하기 많이 힘들지 않던걸요. 제니 씨 한국어 실력 정도면 이해하고도 남을 거예요.

제니 에이, 괜한 칭찬 마세요. 저는 한국 소설책 몇 권을 선물로 받고도 아직 첫 페이지 시작도 못하고 있어요. 포장된 채로 그대로 책상 한쪽에 놓여 있어요.

링링 물론 시에는 어려운 어휘들도 있고, 우리가 평소에 잘 접해 보지 못했던 말들도 많이 나오긴 해요. 그런데 세계 어느 나라든지 사람의 감정은 다 비슷한 거 같아요. 작가의 감정을 잘 헤아리며 읽다 보면 어느새 그 시에 빠져들게 되더라고요.

제니 그렇군요. 저는 문학은 왠지 부담스러웠는데 자신감을 가지고 시도해 봐야겠는 걸요. 혹시 추천해 주고 싶은 시인이라도 있어요?

링링 한국의 대표 시인이라고 할 수 있는 김소월의 시들을 읽어 보세요. 그 중에서도 '진달래꽃' 이라는 시는 한국 성인이라면 누구나 알 정도로 유명한 한국의 대표 시예요.

제니 알겠어요. 저도 당장 그 시부터 한번 도전해 봐야겠어요.

링링 그래요. 읽다가 혹시 다른 한국 시들도 더 읽고 싶어지면 우리집에서 빌려다 보세요.

새단어

시집	공감	괜한	접하다
헤아리다	어느새	문학	시도하다

어휘 확장

● 의성어와 의태어

1. 그림을 보고 어떤 소리가 나는지 여러분 나라 말로 해 보고, 알맞은 의성어를 추측해서 찾아 보세요.

보기			
드르렁드르렁	냠냠	콜록콜록	꼬르륵
쨍그랑	보글보글	꿀꺽	쿵쿵
콸콸	똑딱똑딱	부스럭	

2. 그림을 보고 어떤 모양인지 알맞은 의태어를 추측해서 찾아 보세요.

보기

꾸벅꾸벅	글썽글썽	뒤뚱뒤뚱	허둥지둥
두근두근	뻘뻘	벌벌	주룩주룩
끄덕끄덕	데굴데굴		

3. 다음 의성어나 의태어를 들으면 연상되는 것은 무엇입니까? 친구와 이야기해 보세요.

말랑말랑 폭신폭신
방글방글 터벅터벅
화끈화끈 소곤소곤
으쓱으쓱 갈팡질팡

● 색채어

1. 한국에는 색깔과 관련된 단어가 아주 많습니다. 다음 색과 관련된 단어들을 보기에서 찾아 써 보세요.

(1) 하얀색과 관련된 단어들

(2) 붉은색과 관련된 단어들

(3) 파란색과 관련된 단어들

(4) 노란색과 관련된 단어들

(5) 까만색과 관련된 단어들

보기		
새빨갛다	샛노랗다	새하얗다
새파랗다	새까맣다	시퍼렇다
시꺼멓다	시뻘겋다	까무잡잡하다
싯누렇다	누리끼리하다	꺼멓다
희끄무레하다	불그스름하다	벌겋다
노르스름하다	허옇다	거무죽죽하다
퍼렇다	누렇다	푸르스름하다
희끗희끗하다		

2. 다음 문장에 어울리는 단어를 위에서 찾아 써 보세요.

(1) ______________________ 젊은 사람이 노인분에게 자리 양보를 안 하다니!

(2) 우리 모두 진실을 알고 있어요. ______________ 거짓말을 더 이상 하지 마세요.

(3) 백옥처럼 ______________________ 피부가 그녀의 매력이다.

(4) 10년 넘게 입었더니 흰 옷이 ______________________ 졌다.

(5) 나이가 드니 머리가 ______________________.

읽기 I

● 다음은 한국의 대표적인 사랑 이야기인 '춘향전'입니다. 다음 질문에 답해 보세요.

1. 내용을 빠르게 훑어 보고 주요 인물의 이름을 써 보세요.

(1) 주인공들:

(2) 주인공들의 사랑을 방해하는 사람:

2. '춘향전'은 고전 소설로 옛날부터 전해오는 소설입니다. 이러한 소설의 특징은 '권선징악'입니다. 이것은 무슨 뜻입니까?

권선징악: ____________________

3. 다음은 조선 시대의 신분을 나타내는 어휘들입니다. 어떤 신분일까요?

몸종 기생 양반 사또 암행어사

● 글을 읽고 다음 물음에 답하세요.

춘향전

옛날 전라남도 '남원' 이라는 곳에 춘향과 이몽룡이 살고 있었습니다. 이들의 운명적인 만남은 단옷날 이도령이 광한루에 나들이를 가면서 시작됩니다. 광한루에 올라간 이몽룡이 아름다운 경치를 감상하며 시를 읊고 있는데 멀리서 그네를 타고 있는 아리따운 춘향의 모습이 눈에 띈 것이지요.

그러나 이몽룡이 춘향을 직접 찾아갈 수는 없어 몸종인 방자에게 춘향을 데리고 오라 합니다. 춘향의 어머니는 기생이었지만 아버지는 양반이었습니다. 그 당시는 남녀칠세부동석이라 하여, 남녀의 만남이 엄격히 금지되었으므로, 춘향이도 몽룡에게 마음이 있었으나 직접 몽룡을 찾아가지는 못하고 한 편의 시로 자신의 마음을 대신 전합니다. 이때부터 춘향과 이몽룡의 사랑이 시작되는 것이지요.

그러나 몽룡의 아버지가 한양으로 가게 되었고, 몽룡의 가족도 모두 한양으로 가게 됩니다. 어쩔 수 없이 춘향과 생이별을 하게 된 몽룡은 춘향과 백년가약을 맺으며 꼭 장원급제해서 돌아오겠다고 말합니다. 그 말을 믿고 춘향은 절개를 지키며 하루하루를 보내지만, 욕심 많은 변 사또가 마을에 새로 와서 춘향에게 수청을 들라고 합니다. 춘향은 사또의 명을 거역한 죄로 감옥에 갇히게 되고 사또의 생일 잔치날 죽을 운명에 놓입니다.

생일잔치 전날 밤, 거지꼴이 된 이몽룡이 춘향을 찾아옵니다. 춘향의 마음이 얼마나 아팠을지는 짐작하고도 남을 것입니다. 춘향은 이제 모든 것이 끝이라고 생각합니다. 다음날, 변 사또의 생일잔치에 암행어사가 오고, 부정부패를 저질렀던 변 사또는 벌을 받습니다. 암행어사는 감옥에 갇혀 있는 춘향을 나오라고 해서 자신의 수청을 들라고 합니다. 그러나 일편단심 춘향은 죽으면 죽었지 그럴 수는 없다고 하고, 암행어사는 춘향에게 고개를 들라고 합니다. 고개를 든 춘향은 암행어사가 바로 이몽룡임을 알게 됩니다.

그 후 이야기는 아시겠지요? ㉠

새단어

운명적	단옷날	나들이	(시를) 읊다	아리땁다
몸종	기생	양반	남녀칠세부동석	엄격히
금지되다	생이별	백년가약	장원급제	절개
사또	암행어사	부정부패	저지르다	일편단심
수청을 들다				

1. 위 내용과 같은 것을 고르세요.

(1) 이몽룡은 시험에 떨어졌다.

(2) 이 이야기의 주인공은 춘향이와 방자이다.

(3) 변 사또는 나쁜 짓을 많이 행해서 벌을 받았다.

(4) 옛날에는 남녀가 태어날 때부터 함께 있지 못했다.

2. 위 이야기의 제목을 만들어 보세요.

3. ㉠에 들어갈 내용을 쓰세요.

____.

4. 이 소설에 나오는 신분을 찾아 보세요.

읽기 II

● 조선 시대의 신분제도에 대해 알고 있습니까? 다음 빈칸을 채워 보세요.

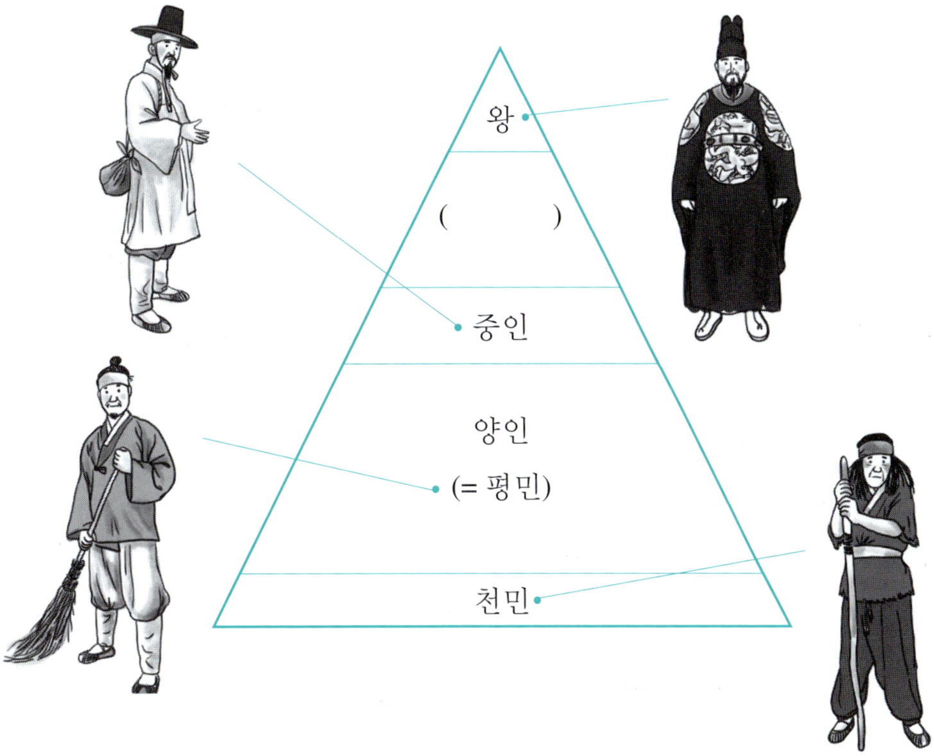

● 다음 어휘의 뜻은 무엇일까요?

(1) 벼슬 •	• 세상일을 피해서 숨어서 지냄
(2) 은둔 •	• 스승과 제자 관계
(3) 제자 •	• 나라 일을 하는 자리
(4) 사제지간 •	• 스승으로부터 가르침을 받은 사람

● 여러분 나라 역사에서 유명한 미인은 누구입니까?

● 다음은 조선 시대의 유명했던 사람들에 대한 이야기입니다. 잘 읽고 그 사람들의 문학 세계에 대해서도 함께 생각해 보세요.

황진이와 서경덕

개성의 옛 이름은 송도였다. 조선시대 송도에서 가장 유명한 세 가지가 있었는데, 황진이와 서경덕, 그리고 박연폭포이다. 사람들은 이 세 가지를 송도삼절이라고 불렀다.

송도삼절 중 첫 번째인 황진이는 시, 그림, 음악에 뛰어난 재능을 가지고 있었을 뿐만 아니라 조선 시대 최고의 미인이었다. 당시 송도의 모든 남자들이 황진이를 원했다고 해도 과언이 아닐 것이다. 미모와 재능을 겸비한 기생 황진이는 마음만 먹으면 어떤 남자라도 품에 넣을 수 있었다. 그러나 끝까지 황진이의 유혹에 넘어오지 않은 남자가 한 명 있었는데, 바로 송도삼절의 두 번째인 서경덕이다.

서경덕은 학문이 뛰어났지만 벼슬에 나가지 않고, 송도에서 은둔하며 제자들을 가르치고 있었다. 어느 날 저녁, 비를 흠뻑 맞아 몸이 다 비치는 하얀색 비단옷을 입은 여인이 하룻밤만 자고 가게 해 달라고 부탁을 한다. 서경덕은 그녀가 황진이인 것을 알고도 모른 척하며 그녀를 재워준다. 서경덕을 유혹하는 데 실패한 황진이는 서경덕을 존경하게 되었고, 다음날 찾아와 서경덕의 제자가 되었다. 이렇게 둘은 사제지간의 정을 간직한 채 서로 시를 주고받으며 자주 만났다고 한다.

새단어

폭포	재능	과언이 아니다	미모	겸비하다	품에 넣다	유혹	학문
벼슬	은둔하다	제자	흠뻑	비치다	사제지간	간직하다	

시조는 한국의 전통적인 정형시입니다. 다음 황진이와 서경덕의 시조를 감상해 보세요.

시조 1

- 황진이 -

동짓달 기나긴 밤을 한 허리를 베어내어
봄바람 이불 아래 서리서리 넣었다가
사랑하는 임 오신 날 밤에 굽이굽이 펴리라

시조 2

-서경덕-

마음이 어리석으니 하는 일도 모두 어리석구나
구름이 겹겹이 싸여 험하고 높은 이 산 속에 어떻게 임이 나를 찾아오겠냐마는
떨어지는 나뭇잎 소리와 바람 부는 소리에 혹시 임이 오는 소리가 아닌가 하노라

새단어

시조 전통적 정형시 동지 베어내다 어리석다 겹겹이

1. 황진이와 서경덕에 대한 설명으로 맞는 것을 모두 고르세요.

- ☐ 황진이는 서경덕을 유혹하는 데 성공하였다.
- ☐ 서경덕은 뛰어난 학문으로 높은 벼슬을 차지하였다.
- ☐ 서경덕은 황진이를 못 알아보고 그녀를 재워주었다.
- ☐ 황진이는 미모뿐만 아니라 재능도 훌륭한 기생이었다.

2. 서경덕과 황진이는 어떤 관계입니까?

3. 〈시조 1〉에서 황진이는 왜 동짓달 밤을 잘라내고 싶어 했을까요?

4. 〈시조 2〉에서 서경덕은 왜 자신을 어리석다고 했을까요?

5. 여러분도 〈시조 2〉의 서경덕과 비슷한 경험이 있나요? 친구들과 이야기해 보세요.

의사소통 활동

1. 한국에서 생활하면서 여러분이 좋아하는 것들은 어떤 것이 있습니까?
〈보기〉처럼 써 보고 친구와 함께 이야기해 보세요.

보기 **내가 사랑하는 한국 생활**

- 한국에서 가장 좋아하는 계절: 겨울
- 한국에서 좋은 것들:
광화문 거리, 남산, 골목길, 김치찌개, 한강의 야경, 지하철,
식당 아줌마, 인심, 홍대 클럽 ……

내가 사랑하는 한국 생활

- 한국에서 가장 좋아하는 계절: ____________
- 한국에서 좋은 것들:
____

2. 〈보기〉처럼 앞에서 쓴 것을 의성어, 의태어, 색채어를 사용해서 다시 쓰고 소개해 보세요.

보기 **내가 사랑하는 한국 생활**

- 한국에서 가장 좋아하는 계절 : 솜사탕처럼 하얀 겨울
- 한국에서 좋은 것들:
노란 광화문 거리, 반짝반짝 한강의 야경, 쿵쾅쿵쾅 홍대 클럽,
보글보글 김치찌개, 구불구불 골목길

내가 사랑하는 한국 생활

- 한국에서 가장 좋아하는 계절 : ____________
- 한국에서 좋은 것들:
____

3. 〈보기〉처럼 〈내가 사랑하는 한국〉이라는 제목으로 시나 짧은 수필을 써 보세요.

보기 내가 사랑하는 한국

-미라벨-

봄이면 초록색 옷을 입은 남산을 사랑한다.
남산에서 보는 반짝반짝 서울의 야경을 사랑한다.

여름에는 역시 홍대 클럽!
쿵쾅쿵쾅 음악 소리처럼 내 심장도 두근거린다.

가을에는 온통 노란색이 되는 광화문 거리를 사랑한다.
노란 은행잎을 밟으며 연인과 헤어진다는 덕수궁 돌담길도 사랑한다.

하얀 솜사탕 같은 한국의 겨울을 사랑한다.
새하얀 눈송이가 떨어지던 학교 뒤 구불구불 골목길.

내가 사랑하는 한국...

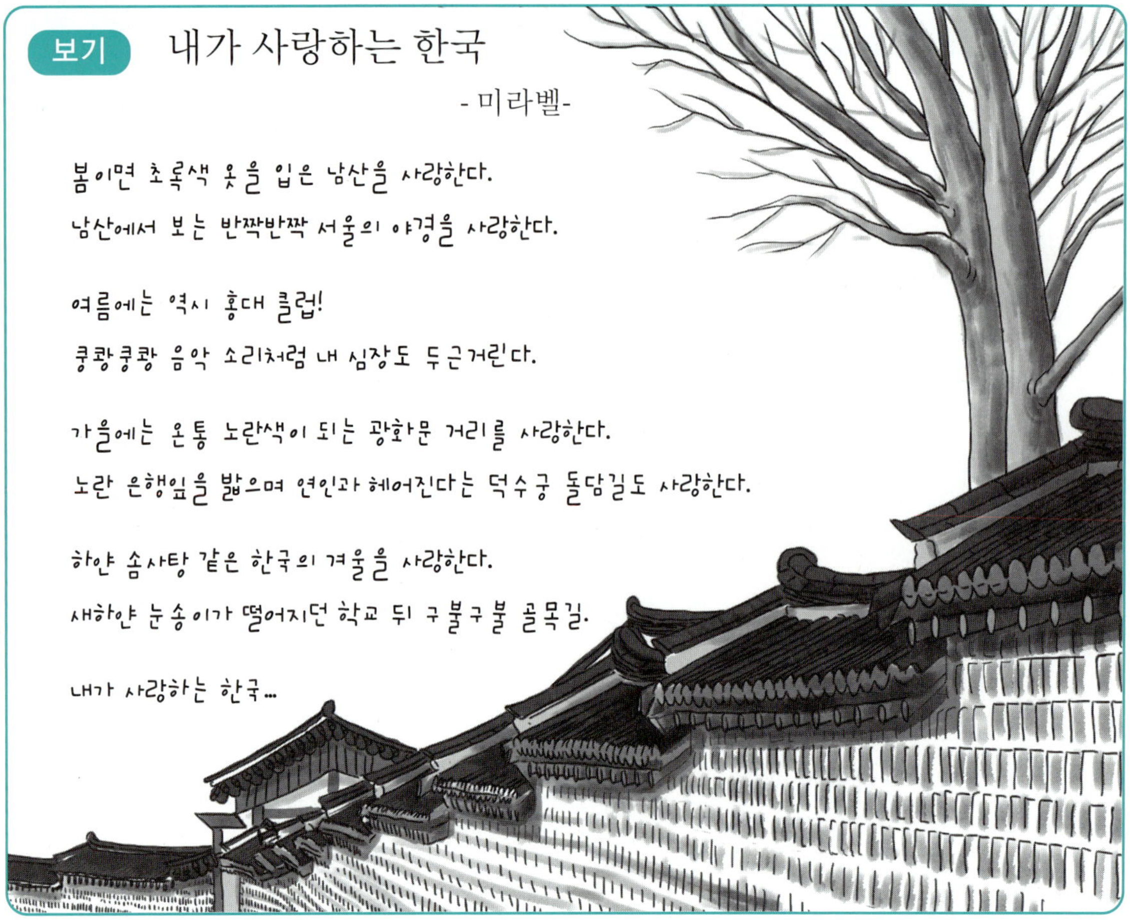

4. 여러분 나라에서 예로부터 내려오는 유명한 이야기나 소설 등을 소개해 보세요. 인터넷이나 책의 그림과 사진을 이용하여 흥미롭게 친구들에게 이야기를 들려 주세요.

문형

1 -은 채로

(동사 뒤에) 어떤 행위를 한 상태가 그대로 있음을 나타낸다.

조사 '로'가 생략된 '-은 채' 형태로도 쓰인다.

- 친구가 눈을 뜬 채로 자요.
- 텔레비전을 켜 놓은 채로 외출을 했어요.
- 아기가 과자를 손에 든 채로 잠이 들었어요.
- 아침도 못 먹은 채로 학교에 갔다.
- 서로 말 한마디 안 한 채로 세 달을 보냈다.

● 여러분 나라에서 하면 예의에 어긋나는 행동들이 있습니까?
〈보기〉처럼 '-은 채로' 문법을 사용해서 말해 보세요.

보기 우리나라에서는 선글라스를 낀 채 실내에 들어가면 좋지 않아요.
그리고 입 안에 음식이 든 채로 이야기하면 안 돼요.

(1) ______________________________

(2) ______________________________

(3) ______________________________

2 -고도 남다

주로 동사 뒤에 붙어 그 행위가 아주 당연한 결과임을 말하거나 그 행위를 하기에 충분함을 말할 때 사용한다.

- 그 사람이라면 그런 일을 하고도 남을 거예요.
- 그렇게 열심히 공부를 하는데 1등을 하고도 남지요.
- 떡이 한 박스나 되니까 우리 반 학생들이 먹고도 남아요.
- 한 달에 60만 원이면 혼자 생활하고도 남는다.

● 다음 아래의 단어들을 사용하여 '-고도 남다'의 문장을 만드세요. 그리고 그 말에 어울리는 상황을 대화로 만들어 보세요.

사다　　주다　　성공하다　　적응하다　　이해하다

(1) 가:
나:
가:
나:

(2) 가:
나:
가:
나:

● 다음과 같은 상황의 일이 있었나요? 여러분의 경험에 대하여 구체적으로 말해 보세요.

(1) 칭찬 받고도 남을 만한 일

(2) 남에게 오해 받고도 남을 만한 일

(3) 나 때문에 다른 사람이 화가 나고도 남을 만한 일

3 -고도

동사와 형용사 뒤에 붙어 앞의 내용과 반대되거나 다른 특성이 이어질 때 사용한다. '-고도' 앞에는 과거시제 '-았-'이나 미래를 나타내는 '-겠-'을 쓸 수 없다.

- 그렇게 혼이 나고도 아직도 정신을 못 차렸구나.
- 그 사람은 늦게 오고도 미안하다는 말을 안 할 거야.
- 그 영화는 슬프고도 아름다운 사랑이야기이다.
- 그 사람을 도와주고도 고맙다는 인사는커녕 핀잔만 들었다.

● 다음 상황에서 여러분은 어떻게 하겠습니까? 친구들과 함께 이야기해 보세요.

(1) 약속을 하고도 지키지 않는 친구가 있다면 어떻게 하겠습니까?

(2) 버릇없는 행동을 하고도 그것이 잘못이라는 걸 모르는 아랫사람이 있다면 어떻게 하겠습니까?

(3) 혼자 밤길을 가다가 남자 고등학생들이 싸우고 있는 것을 봤습니다. 여러분은 보고도 가만히 있겠습니까?

(4) 여러분은 자신이 알고도 고치기 힘든 습관이 있습니까?

(5) 좋은 선물을 받고도 마음이 불편했던 적이 있습니까? 언제 어떤 선물이었습니까?

(6) 좋아하고도 좋아한다는 말을 하지 못한 적이 있습니까? 언제 어떤 사람이었습니까?

10 비유의 표현

말하기

광고 문구 만들기

읽기

비유의 글 / 사랑을 꽃에 비유한다면

문형

-는 둥 마는 둥 하다 / -은 셈이다
-은 듯싶다

말하기

- 비유하는 표현은 어떤 글에서 볼 수 있습니까?
- 다른 것과 비교해서 말하는 표현이 있습니다. 왜 그 사물과 비교했을까요?

내 마음은 호수요	그 사람은 거북 같아요.
웃는 아기의 얼굴이 해님 같다.	꽃들이 활짝 웃고 있다.

표현 대상	비유 대상
내 마음	호수
그 사람	
웃는 아기 얼굴	
꽃	

- 어떤 표현을 강조할 때도 비유 표현을 씁니다. 왜 이렇게 표현했을까요?

배가 아프도록 웃다. / 목이 빠지도록 기다리다. / 귀에 못이 박히도록 듣다.

듣기

- 다음 두 친구의 대화 중 비유하는 표현을 잘 들어보고, 질문에 답하세요.

1. 다음 이야기를 듣고 맞는 것을 고르세요.

(1) 남자는 어젯밤에 과음을 했다. ☐

(2) 남자는 지금 20대 초반이다. ☐

(3) 남자는 어젯밤에 거의 잠을 못 잤다. ☐

(4) 남자는 평소에 교실에서 조용한 학생이었다. ☐

(5) 남자는 쉬는 시간에 잠깐 잠을 자려고 한다. ☐

2. '-듯이'를 사용한 표현을 잘 듣고 써 보세요. 그리고 그 의미를 생각해 보세요.

(1) 오늘 하루 잘 쉬면 ______________ 듯이 나아.

(2) 네가 오늘 아프니까 온 교실이 ______________ 듯이 조용하다!

Track 11

대화

마이클　어젯밤 너무 무리를 했더니 오늘 내 몸이 내 몸이 아닌 것 같아.
머리도 지끈지끈하고 속도 안 좋고.

유리　왜? 어제도 늦게까지 못 잤어?

마이클　아니, 사실 어제는 모처럼 만난 친구들이랑 코가 삐뚤어지게 술을 좀 했거든. 그래서 집에도 늦게 들어가고 잠도 자는 둥 마는 둥 하고 오늘 학교에 왔어.

유리　어쩐지…… 그래서 그랬구나! 너 아직도 20대 초반인 양 그렇게 술을 과하게 마시면 어떡해? 이제 슬슬 건강에도 신경 써야지.

마이클　괜찮아. 오늘 하루 잘 쉬면 씻은 듯이 나아. 이래 봬도 아직 건강에 자신 있다고!

유리　그렇다면 다행이지. 하하, 그나저나 네가 오늘 아프니까 온 교실이 쥐 죽은 듯이 조용하다! 떠드는 사람이 없으니 말이야.

마이클　그런가? 그럼 쉬는 시간에 잠깐 눈을 붙였다가 일어나야겠다. 내가 너무 가만히 있으면 우리반 친구들이 모두 재미없어 할 테니까 말이야.

유리　별 걱정을 다 하시네. 그런 걱정은 하지 말고 어서 눈이나 좀 붙여. 그런데 내가 보기엔 수업 시간까지 계속 잘 듯싶다. 쯧쯧.

마이클　아냐, 그럴 순 없지. 내가 제때에 안 일어나면 때려서라도 꼭 날 깨워 줘.

새단어

지끈지끈하다
모처럼
삐뚤어지다
어쩐지
이래 봬도
과하다
그나저나
눈을 붙이다

● 다음 '눈'과 관련된 여러 가지 의미를 알아보세요.

눈 감아주다	눈을 붙이다	눈 밖에 나다
눈에 익다	눈에 거슬리다	눈에는 눈, 이에는 이

어휘 확장

● 비유 표현

1. 우리는 일상생활에서 '-같이 / -처럼 / -같다'와 같은 표현을 사용하여 비유를 많이 합니다. 다음 ______________ 에 알맞은 단어를 넣어 표현을 익혀 보세요.

불	새털	주마등	찜통	칼	구름	쏜살

(1) 그 사람은 갑자기 ______________ 같이 화를 내서 무섭다.

(2) ______________ 같은 더위에 숨도 쉬기 힘들다

(3) 우리 선생님은 수업을 항상 ______________ 같이 정확하게 끝내신다.

(4) 벌써 연말이라니! 시간이 ______________ 같이 흐른다.

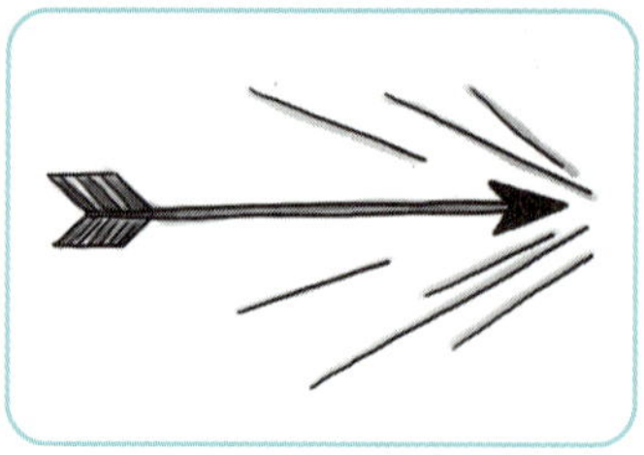

새단어

새털 주마등 찜통 쏜살

(5) 우리 아기에 비하면 이 아기는 ______________ 처럼 가볍네요.

(6) 무슨 일이 일어났는지 사람들이 ______________ 같이 몰려들었다.

(7) 옛 기억이 ______________ 처럼 스쳐 지나간다.

2. 다음은 '-듯(이)'를 이용한 표현들입니다. 어울리는 문장을 연결해 보세요.

(1) 술에 물 탄 듯 물에 술 탄 듯 •	• 열심히 공부했다.
(2) 미친 듯이 •	• 더운 날씨엔 에어컨이 최고다.
(3) 찌는 듯이 •	• 조용하다.
(4) 허리가 끊어질 듯이 •	• 성격이 분명하지 않다.
(5) 씻은 듯이 •	• 소비가 너무 심하다.
(6) 쥐 죽은 듯이 •	• 나아서 이젠 아프지 않다.
(7) 이 잡듯이 •	• 거짓말을 자주 하다.
(8) 밥 먹듯이 •	• 아파서 잠시 누워 있었다.
(9) 물 쓰듯이 •	• 온 방을 뒤졌지만 끝내 못 찾았다.

읽기 I

● 여러분 나라에서는 어떤 비유 표현이 있습니까?

➡ 한국에서는 넓은 마음을 호수에 비유합니다.

● 다음은 사람의 성격이나 성향을 비유하는 것들입니다. 무엇을 비유한 것일까요?

〈끓는 냄비〉

〈대나무〉

〈먹구름〉

〈잡초〉

● 다음을 설명해 보세요.

지구온난화	공기 정화	무분별한 벌채

● 다음 (   ) 안에 알맞은 단어를 넣어 보세요.

(1) 인간은 호흡을 할 때 (   )을/를 들이마시고 (   )을/를 내뿜는다.

(2) (   ) 없는 사람이란, 자신의 주관 없이 상황이나 조건에 따라 자신의 생각이나 신념을 쉽게 바꾸는 사람을 의미한다.

새단어

열대우림	허파	이산화탄소	흡수하다	산소
내뿜다	지구온난화	열병	앓다	무분별하다
벌채	지조	쓸모	지극하다	세월을 거치다

● 다음은 사물을 사람에 비유한 글입니다. 잘 읽고 질문에 답하세요.

열대 우림은 지구의 허파

이 사진은 실제로 무엇을 찍은 사진일까? 그리고 그 모양은 무엇처럼 보이는가?

이 사진은 열대우림 지역을 공중에서 찍은 사진이다. 그런데 신기하게도 마치 사람의 허파처럼 보인다. 열대우림은 이산화탄소를 흡수하고 산소를 내뿜어 지구의 공기를 정화하는 중요한 역할을 한다고 한다. 그래서 사람들은 열대우림을 '지구의 허파'로 비유하곤 한다.

하지만 미래의 열대우림은 더 이상 '지구의 허파'가 아니다. 지구온난화와 가뭄으로 열병을 앓고 있는 열대우림은 이산화탄소를 흡수하지 못하고 오히려 내뿜게 되기 때문이다. 사진은 인간의 무분별한 벌채로 열대우림이 사라지는 현상을 보여주고 있는데 미래의 지구를 위하여 우리가 지금 해야 할 일은 무엇일까?

나라마다 의미가 달라요

저는 키가 크고 어디서나 잘 자랍니다. 8, 9월이면 가장 보기 좋습니다. 사람들은 저의 줄기나 씨앗 등을 여러 가지 용도로 다양하게 이용하기도 합니다. 유럽에선 저를 '태양의 꽃' 또는 '황금꽃'으로 불렀습니다. 그런데 한국에선 저를 지조 없는 정치인으로 비유를 한다지요? 저처럼 아름답고 쓸모 많은 꽃을 그렇게 부정적 이미지에 비유하다니요! 너무 속상해요.

지극한 사랑

이 나무는 제주도 북제주군 우도의 우도봉에 있는 영화 '연리지'의 촬영세트이다. '연리지'는 뿌리가 서로 다른 두 나무의 가지가 오랜 세월을 거치는 동안 서로 합쳐져 하나의 나무가 된 것을 말한다. 서로 뿌리가 다른 두 그루의 나무가 오랜 세월을 지내며 하나로 합쳐진 모습을 남녀 간의 지극한 사랑에 비유를 한다.

1. '열대우림' 을 왜 '지구의 허파' 에 비유했습니까? '열대우림' 과 '허파' 는 어떤 공통적인 속성을 가지고 있습니까?

2. '해바라기' 를 왜 '정치인' 에 비유를 했습니까? '해바라기' 와 '정치인' 은 어떤 공통적인 속성을 가지고 있습니까?

3. '연리지' 를 왜 '남녀 간의 사랑' 에 비유했습니까? '연리지' 와 '남녀 간의 사랑' 은 어떤 공통적인 속성을 가지고 있습니까?

4. 우리 말 속에는 꽃이나 나무를 이용하여 빗대어 말하는 표현이 많이 있습니다. 여러분이 알고 있는 비유는 어떤 것이 있습니까?

보기 갈대 ➡ 여자의 마음

➡

➡

➡

읽기 II

● 꽃마다 꽃말이 있습니다. 꽃말은 꽃의 모양, 특징에 따라 의미를 준 말입니다. 다음 꽃의 꽃말이 무엇일까요?

(1) 백합

(2) 벚꽃

(3) 튤립

(4) 프리지아

(5) 아네모네

(6) 해바라기

● 다음 밑줄 친 단어의 의미를 잘 생각하며 대답해 보세요.

(1) 여러분은 은은한 향기의 꽃과 강렬한 향기의 꽃 중 어떤 것을 더 선호합니까?

(2) 여러분은 양심에 찔리는 행동을 한 적이 있습니까?

(3) 여러분은 누군가를 위해 희생을 한 경험이 있습니까?

(4) 여러분의 현재 간절한 바람은 무엇입니까?

(5) 여러분의 집단 내에서 돋보이고 싶어하는 형입니까? 아니면 조용히 묻혀 있고 싶어하는 형입니까?

● 글을 읽고 다음 질문에 답하세요.

사랑을 꽃에 비유한다면

파아란 하늘에 서로 어울려 한들한들 춤을 추는 꽃은 무엇일까? 바로 코스모스다. 코스모스의 꽃말은 '순정과 조화' 인데 코스모스는 누가 더 높지도 낮지도 않으며 색상도 은은하게 서로 잘 조화를 이룬다. 순정적이며 순수하고 서로 조화를 이루는 사랑을 이런 코스모스 같은 사랑이라고 한다.

안개꽃의 꽃말은 '간절한 기쁨, 밝고 깨끗한 마음' 과 '널 죽도록 사랑해' 두 가지다. 안개꽃은 하얀색으로 다른 꽃들을 더욱 돋보이게 해 주는 희생적인 사랑을 의미한다. 상대를 항상 기쁘게 해 주고 상대를 위해 희생하는 사랑인 것이다.

흔히 사랑을 '장미의 가시' 에 비유한다. 장미가 아름답지만 장미의 가시에 찔리면 아픔이 있기 때문에 사랑의 양면성을 잘 보여주기 때문일 것이다. 그래서 장미의 꽃말이 '사랑' 인가 보다.

또, 선인장 꽃의 꽃말은 '열정, 정열, 불타는 마음' 이다. 선인장 꽃은 투박한 초록색 선인장 위에 생각 밖의 예쁘고 화려한 꽃을 피운다. 가까이 다가가기도 어렵고 힘든 상처와 고통 속에서도 피워낸 사랑이야말로 바로 이 선인장 꽃에 비유하기 적당할 것이다.

마지막으로, 이것은 사실 꽃은 아니지만 '나를 가져 봐' 라고 말을 하며 유혹을 하는 것이 있다. 바로 '유혹' 이라는 꽃말을 가진 버섯이다. 버섯의 아름다움과 화려함에 끌려 독이 든 버섯에 빠져드는 순간 그 사랑은 치명적인 사랑이 되어 버리고 말 것이다.

새단어

한들한들	순정	은은하다	간절하다	돋보이다	희생
찔리다	양면성	투박하다	유혹	치명적	

1. 다음 보기와 같이 꽃의 특징을 써 보세요.

> **보기** 장미 ➡ 가시가 있고 아주 화려하다

(1) 코스모스:

(2) 안개꽃:

(3) 선인장 꽃:

2. 다음과 같은 사랑은 어떤 꽃에 비유를 할 수 있을까요?

(1) 겉으로는 아름다워 보이지만 때로는 아픔과 상처가 있는 사랑 •	• 코스모스
(2) 나보다는 상대방을 위하는 마음이 더 많은 사랑 •	• 장미
(3) 어려운 환경 속에서도 포기하지 않고 이루어 낸 의지의 사랑 •	• 버섯
(4) 서로를 위해 주고 배려해 주는 순수한 사랑 •	• 안개꽃
(5) 진실한 마음을 모르고 겉모습에만 이끌린 잘못된 사랑 •	• 선인장 꽃

- 여러분 자신에게 가장 어울리는 꽃은 어떤 꽃입니까? 그리고 여러분이 원하는 사랑은 어떤 사랑입니까?

지금 내게 어울리는 꽃	이유

내가 원하는 사랑	이유

의사소통활동

- '- 은/는 -이다'를 이용하여 여러분의 생각을 짧은 문장으로 표현해 보세요. 그리고 그 문장의 의미도 같이 이야기해 보세요.

인생은 (캡슐 알약)이다.

캡슐 알약의 겉은 쓰지 않고 달지만 그 속에는 쓴 맛의 약이 들어 있듯이, 인생도 마찬가지로 쓰지 않고 달콤한 것 같지만 그 안을 들여다보면 달콤하지만은 않다.

사랑은 (   )이다.

친구는 (   )이다.

(   )은/는 (   )이다.

● 다음 광고 문구를 보고 광고 내용과 의미를 이야기해 보세요.

(1) 당신의 일상에는 쉼표가 필요합니다.

(2) 차도 이 맛을 안다.

(3) 회사생활 3년, 거칠어진 건 성격만이 아니다.

(4) 영상은 흐르고 활자는 남는다.

(5) 7cm 위에서 내려다보면 세상이 바뀐다.

(6) 경기는 계속되어야 한다.

(7) 뒤끝이 있다면 난 물러나겠소.

(8) 남편을 구워삶았다.

문형

1 -는 둥 마는 둥 하다

그 동작을 하는 것 같기도 하고 안 하는 것 같기도 하다는 의미로, 주로 부정적인 면이 강할 때 사용한다.

- 정신없이 바빠서 점심도 먹는 둥 마는 둥 하고 바로 회의실로 달려 왔다.
- 내가 아무리 옆에서 잔소리를 해도 아이는 듣는 둥 마는 둥 하고 컴퓨터 화면만 바라보고 있었다.
- 오늘 시험이 있긴 하지만 어젯밤에 책 보기가 너무 싫어서 보는 둥 마는 둥 했다.
- 공부를 하는 둥 마는 둥 하는 걸 보니 시험에 떨어질 것 같다.
- 친구는 걱정 때문에 잠을 자는 둥 마는 둥 하고 일어났다.

● 다음 대화를 완성하세요.

(1) 가: 아침 먹고 왔어?

나: 늦어서 ____________________ 하고 왔어.

(2) 가: 좀 전에 그 사람이 뭐라고 했어?

나: 다른 생각 때문에 ____________________ 못 들었어.

(3) 가: 아~ 이제 숙제 다 했다.

나: 지난주에는 숙제를 ____________________ 요즘에는 열심히 하네.

2 -(으)ㄴ/는/(으)ㄹ 듯싶다

동사와 어울려 '-는 것 같다'의 의미를 나타내며 화자의 주관적인 판단이 들어 있다.

- 이번 행사에 초대 받은 사람들은 빠짐없이 참석할 듯싶습니다.
- 배고프다는 소리를 안 하는 걸보니 일찌감치 식사들을 한 듯싶네요.
- 그 학생은 학교 수업에 잘 따라오는 듯싶더니 언제부턴가 뒤처지기 시작했다.
- 비가 오는 듯싶더니 어느새 그쳐 버렸다.
- 지금쯤 출발하면 약속 시간에 정확히 도착할 듯싶다.

● 다음 대화를 완성하세요.

(1) 가: 밖의 날씨가 어때요?

나: 밖을 보니까 어제 비가 많이 ____________________.

(2) 가: 음악 콘서트에 사람들이 많이 올까요?

나: 유명한 음악가들이 많이 오니까 사람들이 많이 ____________________.

(3) 가: 이번 졸업여행은 제주도로 가고 싶은데 과연 그렇게 될까요?

나: 학생들이 제주도로 가자고 선생님께 부탁드렸으니까 제주도로 __________

____________________.

3 -(으)ㄴ/는 셈이다

따져서 생각해 보면 결국 이러이러한 것과 마찬가지라는 의미를 나타낸다.

- 저녁을 두 번 먹었으니 오늘 하루에 네 끼를 먹은 셈이다.
- 다 읽고 마지막 두 쪽만 남았으니 이 책도 다 읽은 셈이다.
- 부모님께 한 주 걸러 연락을 드리니 한 달에 두 번 연락을 드리는 셈이다.
- 이 정도 봤으면 다 구경한 셈이다.
- 강한 팀을 만나서 비겼으면 경기를 정말 잘한 셈이다.

● 다음 대화를 완성하세요.

(1) 가: 이번 시험에 70점 받았어요. 좀 못했죠?

나: 공부도 열심히 안 했는데 이 정도면 ________________.

(2) 가: 세월이 정말 빨라요. 벌써 12월이에요.

나: 글쎄 말이에요. 이제 올해도 ________________.

(3) 가 : 외식 자주 하세요?

나 : 일주일에 세 번 정도 하니까 ________________.

11 신문과 뉴스

말하기

인터뷰한 내용으로 기사 쓰기

읽기

넓은 세상을 만나라 / WHO, 에볼라 환자 5864명 넘어

문형

-을 법하다 / -다고요? / -을래야 을 수 없다

말하기

● 여러분이 가장 관심 있게 보는 뉴스는 어떤 것입니까? 순서를 매겨 보세요.

☐ 사회 · 정치 뉴스 ☐ 경제 뉴스 ☐ 스포츠 뉴스

☐ 연예계 뉴스 ☐ 문화 · 건강 뉴스

● 주로 어떤 매체를 통해 그 뉴스를 접하고 있습니까? 자주 활용하고 있는 매체는 무엇입니까? 순서를 매겨 보세요.

☐ 텔레비전 ☐ 라디오 ☐ 신문

☐ 인터넷(PC · 휴대폰) ☐ 주변 사람

● 텔레비전, 라디오에서 인터뷰하는 것을 들어 본 적이 있습니까? 여러분이 방송국 기자라면 유명인을 만나서 어떤 질문을 하겠습니까?

1. ________________________________

2. ________________________________

3. ________________________________

듣기

● 다음 대화를 잘 듣고 질문에 답하세요.

1. 누구를 인터뷰하고 있습니까?

2. 기자가 만난 이 사람의 어릴 적 별명은 무엇입니까? 왜 그런 별명이 생겼을까요?

3. 다음 중 맞는 것을 고르세요.

(1) 이 사람은 여러 나라 말을 잘 한다. ☐

(2) 이 사람은 외국어 공부하는 데 특별한 비결이 있다. ☐

(3) 고등학교 때 한국의 대통령을 만난 후부터 외교관이 되고 싶었다. ☐

(4) 이 사람은 욕심은 별로 없지만 공부를 열심히 해서 잘 할 수 있었다. ☐

Track 12

대화

기자 UN 사무총장님 반갑습니다. 바쁘신데도 불구하고 이렇게 인터뷰에 응해 주셔서 감사드립니다.

사무총장 별 말씀을요.

기자 어린 시절부터 사무총장님은 공부벌레였다고들 하던데요.

사무총장 공부벌레라고요? 아이고…… 사실 제가 공부 욕심은 조금 많았습니다. 공부가 재미있기도 했고, 가난한 집안 형편 때문에 한가하게 놀러다닐래야 놀러 다닐 수도 없었습니다.

기자 공부뿐만 아니라 여러 외국어에도 능통하시다고 들었는데요. 외국어 공부에 성공할 수 있는 비결이 있습니까?

사무총장 외국어 공부에는 왕도가 없습니다. 무조건 열심히 외우고 말하는 것 뿐이지요.

기자 언제부터 UN에서 일하기를 희망하셨습니까?

사무총장 제가 고등학교 때 미국에 가게 되었는데, 그때 외교관이 되고 싶은 꿈을 확고히 했지요. 제 인생의 전환점이 된 셈이에요. 그리고 외교관이 되어 세계 여러 나라를 돌아다니며 일을 하다 보니 UN의 중요성을 알게 되었고, UN에서 일하고 싶다는 생각이 들었습니다.

기자 마지막으로 한국의 학생들과 젊은이들에게 해 주고 싶은 말씀이 있다면 한 말씀 부탁드립니다.

사무총장 요즘 전세계적인 불황으로 한국뿐 아니라 많은 나라의 젊은이들이 취직하기가 어렵다고 들었습니다. 그러나 현실에 좌절하지 말고 자신의 꿈을 이루기 위해 노력하다 보면 언젠가 그 꿈에 가까이 가 있을 것입니다.

기자 좋은 말씀 감사합니다. 바쁘신데 시간 내 주셔서 감사합니다.

● 이 사람은 고등학교 때 인생의 전환점이 되는 사건이 있었습니다. 여러분은 언제 인생의 전환점을 맞이했습니까?

새단어

비결
형편
한가하다
능통하다
왕도
확고히
전환점
좌절하다

어휘 확장

● 다음 국제기관 관련 기구입니다. 설명과 기구이름을 연결하세요.

설명		기구이름
(1) United Nations의 약자. 전쟁을 피하고 평화를 유지하기 위해 만든 국제기구이다.	•	• 유엔(UN)
(2) Non-Governmental Organization의 약자. 정부의 간섭 없이 개인 또는 민간단체들이 조직한 단체. 모든 분야에서 활동.	•	• 비정부 조직(NGO)
(3) United Nations Children' s Fund의 약자. 제 2차 세계대전이 끝난 직후, 전쟁의 피해로 고통 받는 어린이와 청소년을 위해 조직한 단체이다.	•	• 국제통화기금(IMF)
(4) World Health Organization의 약자. 세계의 모든 사람들이 건강하게 되는 것이 목적.	•	• 유엔아동기금 (유니세프 UNICEF)
(5) World Trade Organization의 약자. 국가간 경제 분쟁이나 마찰을 조정한다.	•	• 국제원자력기구(IAEA)
(6) 원자력의 평화적 이용을 위한 연구와 국제적인 공동 관리를 위하여 설립한 단체이다.	•	• 경제협력개발기구(OECD)
(7) 경제발전과 세계 무역 촉진을 위해 시작된 국제 기구이다.	•	• 세계보건기구(WHO)
(8) 세계 무역 안정을 목적으로 설립한 국제 금융 기구이다.	•	• 세계무역기구(WTO)

새단어

약자	평화	국제기구	간섭	민간단체	조직하다
직후	고통	분쟁	마찰	조정하다	원자력
공동	관리	설립	무역	촉진	금융

● 다음은 신문 기사의 제목입니다. 기사 내용을 추측해 보세요.

이미 소도둑 된 바늘도둑, 자전거 도둑 장난으로 시작했으나

참고 : 바늘도둑이 소도둑 된다

한 · 중 · 일 삼국 정상 서울에서 만나

참고 : 한 · 중 · 일(韓 中 日)

추석 연휴, 비행기 표 '하늘의 별따기'

참고 : 하늘의 별따기

원화 절상, 수출 빨간불

참고 : 절상, 빨간불

읽기 I

● 다음은 숙명여자대학교 학교 신문(숙대신보)입니다. 기사 내용이 어떻게 구성되었는지 살펴보세요.

2 2015년 11월 23일(월요일) 취재 제1308호 淑大新報

68% 학우, 본교의 '동아리 활동 지원'에 불만족

제목(헤드라인)

전문(리드)

본교, 동아리 지원금 급감
학우들, '지원금, 공간'에 불만족
동연회장 "현실적 지원 필요"

본문(바디)

본교 동아리에 소속돼 있는 학우들이 학교 본부의 '동아리 활동 지원'에 불만족하는 것으로 드러났다.

본지는 지난 18일(수)부터 20일(금)까지 3일간 교내 동아리에 소속된 학우 109명을 대상으로 '동아리 활동 지원에 대한 만족도' 조사를 실시했다. (신뢰도 95%, 오차범위 ±4.29%p) 설문 결과, 응답자 중 69.4%(75명)의 학우들이 '본교의 동아리 활동 지원에 만족하지 않는다'고 답했다. 만족하지 않는 이유를 묻는 질문에 학우들은 주로 '학생문화활동 지원금'과 '활동 공간'을 꼽았다.

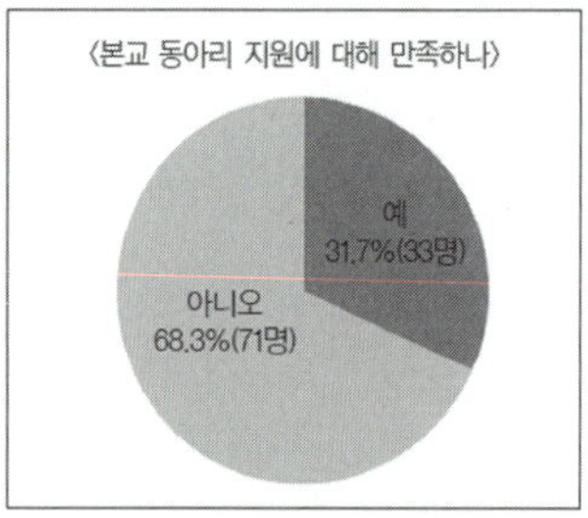

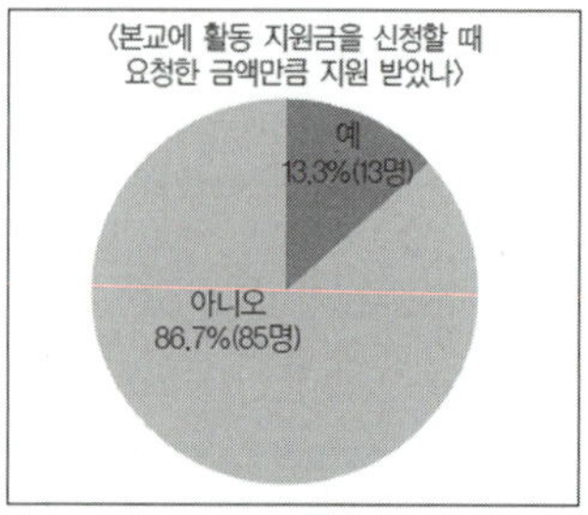

◆ 87%의 학우들 지원금 부족하다 느껴

먼저 '학생문화활동 지원금에 만족하나?'는 질문에 86.5%(90명)의 학우가 '지원금이 부족하다'고 응답했다. '학생문화활동 지원금'이란 학생자치활동을 지원하고자 본교 학생지원팀에서 동아리 활동비 중 일부를 지원해 주는 것이다. 동아리 별로 지원금 신청서를 제출하면 서류 심사를 통해 일정 지원금을 받을 수 있다. 그러나 현재 지급되고 있는 지원금은 각 동아리의 활동비를 충당하기에 턱없이 모자라다. '활동 지원금을 신청할 때 요청한 금액만큼 지원을 받았나?'는 질문에 대해 86.3%(88명)의 학우가 '지원금을 신청한대로 받지 못했다'고 답했다. 더군다나, 59.4%(60명)의 학우가 본교로부터 지원금을 받지 못하거나 10만 원 미만의 지원금을 받았던 것으로 나타났다.

이렇게 지원금이 부족한 것은 '지원금' 예산 규모가 급감했기 때문이다. 지난 2014년 한 해 동안 지급된 본교 학생문화활동 지원금은 약 1,800만 원에 불과했다. 2011년과 2012년, 2013년에 2400만 원에서 2700만 원 사이를 유지했던 것에 비해 급격히 감소했다.

학우들은 부족한 동아리 활동비를 자비로 부담하고 있었다. '부족한 비용을 어떻게 충당했나?'는 질문에 78.5%(73명)의 학우들이 사비로 충당하고 있다고 답했다. 체육 동아리 '검도부'에서 활동하고 있는 백지윤(한국어문 15) 학우는 "학생지원팀에 지원금 신청서를 제출했지만 대회 참가비만 지원받았다"며 "죽도와 도복은 모두 사비로 구매했다"고 말했다. 공연예술 동아리 '데스티니' 회장 강재연(중어중문 14) 학우는 "공연비를 마련하기 위해 지원금 신청서를 제출했지만 외부에서 진행되는 공연이라는 이유로 지원을 받지 못했다"며 "현재 회원들의 회비와 학교 주변 업체의 후원으로 공연 비용을 충당하고 있다"고 말했다.

정경희 학생지원팀 팀장은 "등록금 수입이 줄어든 것이 예산 감소의 가장 큰 원인"이라며 "다른 분야에 비해 특히 학생자치활동에 대한 지원금이 많이 줄어든 편이다"고 답했다. 또한 신청한 지원금을 전부 지급하지 못하는 것에 대해 "지원금은 대회 참가비용과 인건비, 인쇄비, 행사 소품 구입비로 한정되고 기타 비용은 협의를 통해 지급된다"며 "예산이 한정적이기에 동아리의 일상적인 활동비와 식비 등은 지원이 어렵다"고 말했다. 덧붙여 정 팀장은 "학생들의 등록금으로 운영되는 지원금인 만큼 심사에 신중을 기하고 있다"며 "규정에 맞는 신청서를 작성해 제출하는 동아리는 예산 안에서 최대한 지원하려 노력하고 있다"고 말했다.

◆ 동아리 활동 위한 공간도 부족해

동아리 활동 공간이 부족해 불편함을 겪는 학우들도 과반수였다. '동아리 활동 공간에 대해 만족하는가'를 묻는 질문에 66.4%(71명)의 학우가 '만족하지 않는다'고 답했으며, 그 이유로는 '동아리 활동을 위한 공간이 좁다'가 48.6%(35명)로 가장 많았다. 중앙풍물패 '숙풍' 회장 고민정(경영 14) 학우는 "동아리 특성상 북, 장구 등 부피가 큰 악기들을 보관하다보니 연습할 수 있는 공간이 매우 부족하다"고 말했다.

동아리 방을 배정받지 못한 동아리도 있다. 현재 총 58개의 동아리 중 13개는 배정된 동아리 방이 없다. 볼링 동아리인 '아브락사스'도 올해 중앙동아리에서 정동아리로 지위가 하락하면서 동아리 방을 배정받지 못했다. '아브락사스'에서 활동하는 오주희(식품영양 14) 학우는 "동아리 방이 없어 행사가 있을 때를 제외하면 동아리 부원들과 만날 기회가 거의 없다"며 "친목 도모도 동아리 가입 이유 중 하나인데 동아리 방이 없어 상대적으로 부원들과 친해지기 어렵다"고 말했다. 공간 부족 문제에 대해 정 팀장은 "학생들에게 제공할 수 있는 공간이 한정돼 있기 때문에 단기간에 해결할 수 없다"며 "동아리들 간에 협의를 거쳐 동아리 방을 공유하는 것도 해결 방법 중 하나"라고 말했다. 덧붙여 "관재팀에 지속적으로 학생자치활동 공간을 마련하기 위한 의견을 낼 것"이라고 밝혔다.

이에 동아리연합회장 박세은(한국어문 12) 학우는 "동아리 활동은 학생들이 새로운 문화를 창조하는데 기반이 된다"며 "학교 본부가 앞장서 동아리 활동 및 운영의 어려움에 귀를 기울이고 현실적인 도움을 제공했으면 좋겠다"고 말했다.

● 다음 중에서 알맞은 단어를 골라 문장을 완성해 보세요.

정세	교류	활약	안목	산하	분야

(1) "과학 중에서 특히 어떤 (　　　)에 관심을 더 갖고 있는지 구체적으로 말해 봐."

(2) 이번 경기에 출전한 신인 선수들의 (　　　)이/가 기대 이상이었다.

(3) 세계 (　　　)을/를 잘 파악하기 위하여 신문이나 뉴스 등의 매체를 지속적으로 접해야 한다.

(4) 우리 기관은 정부 '교육부'의 (　　　) 기관으로, 교육부의 감독과 지시를 따라야 한다.

(5) 이 대학교는 세계 각국의 대학교들과 활발한 (　　　)을/를 통해 많은 인재를 타 대학교에 보내거나 받고 있다.

(6) "이런 물건을 사 오다니! 이제 더 이상 너의 (　　　)을/를 믿을 수 없겠다."

● 대학신문 학생기자가 유엔 사무총장을 만난 후 쓴 기사입니다. 신문기사의 특징을 고려하며, 글을 읽어 보세요.

넓은 세상을 만나라

지난 4월 유엔 방문단의 자격으로 유엔 사무국을 방문하여 유엔 사무총장을 만났다. 유엔은 1945년 설립된 국제연합기구로 국제평화와 안전을 유지하고 군비 축소, 경제적 · 사회적 · 문화적 교류와 협력, 국제법 개발 등을 위한 활동을 하고 있다.

1시간 가량의 유엔 사무총장과의 면담은 눈 깜짝할 사이에 지나갔다. 유엔 사무총장은 우리나라 젊은이들에게 국제적 안목을 키우고 자신의 재능을 살리라고 주문하였다. 또한 국제적 문제와 유엔에 관심을 가지고 전세계 평화를 위해 할 일을 찾아보라고 했다. 유엔에서도 할 일이 많다는 것이다.

많은 젊은이들이 유엔에 관심을 가지고 유엔 등 국제기구에서 일하기를 희망한다. 유엔은 유엔아동기금(UNICEF)을 비롯한 20여 개의 보조기구와 국제통화기금(IMF), 세계무역기구(WTO), 국제원자력기구(IAEA), 국제노동기구(ILO) 등 25개의 전문기구를 산하에 두고 있어 다양한 분야에서 활발한 활동을 하고 있다.

그렇다면 유엔에서 일하려면 어떤 준비를 해야 할까? 무엇보다 국제적 안목을 길러야 한다. 국제 정세에 관심을 가지고 있으며, 세계 평화를 위해 일할 자세가 되어 있어야 한다. 그리고 한 분야의 전문가가 되어야 한다. 그러기 위해서 그 분야와 관련된 여러 경험을 해 보는 것이 좋다. 최근에는 유엔 기관에서 인턴십을 하는 대학생들도 많이 늘었다. 인턴십을 통해 자신이 하는 일을 정확히 이해하고 경험을 하는 것도 중요하다.

또한 2~3개의 외국어는 기본이다. 특히 유엔에서는 실무언어로 영어와 불어를 사용하는 만큼 이 두 언어를 능숙하게 사용할 수 있다면 더 좋을 것이다.

'우물 안 개구리'처럼 우리나라 안에서만 머무르지 않고, 국제 무대에서 활약할 대학인의 모습을 기대해본다.

김보람 기자

새단어

방문단 군비 교류 산하 분야 안목
정세 머무르다 활약하다

1. ☐ 안에 이 기사의 전문(리드)을 만들어 보세요.

2. 다음 읽은 내용과 일치하지 않는 것을 고르세요.

☐ 유엔에는 다양한 분야의 다양한 기구들이 있다.

☐ 유엔에서 일하기를 희망하는 학생들이 많아졌다.

☐ 유엔은 전쟁 방지와 평화유지를 위한 국제기구이다.

☐ 유엔에서 일하기 위해서는 다양한 분야의 경험을 해 봐야 한다.

3. 유엔에서 일하려면 어떤 조건이 필요합니까?

첫째, ______________________________

둘째, ______________________________

4. '우물 안 개구리'는 무슨 뜻입니까?

5. 여러분은 유엔과 같은 국제기구에서 일을 하고 싶습니까? 만약 일을 한다면 어떤 기구에서 일을 하고 싶습니까? 이유를 말해 보세요.

읽기 II

- 요즘 세계 사람들이 가장 관심을 갖는 뉴스는 무엇입니까?

- 다음 뉴스를 보고 무슨 내용인지 한 문장으로 요약해 보세요.

(1) 사회, 정치 뉴스 :

(2) 경제 뉴스:

(3) 스포츠 뉴스:

(4) 연예계 뉴스:

(5) 문화, 건강 뉴스:

- 다음 밑줄 친 단어들의 의미를 설명하고 비슷한 의미의 단어를 말해 보세요.

(1) 다음 올림픽은 브라질에서 <u>개최될</u> 예정이다.

(2) 이번 사건은 중고생들의 <u>과도한</u> 학업 스트레스가 부른 안타까운 사건이었다.

(3) 비 오는 월요일 출근 길, 올림픽 대로는 <u>극심한</u> 정체를 보이고 있습니다.

(4) 이번 지진 피해 성금 모금액은 목표액의 60%에도 <u>미치지</u> 못하는 저조한 결과를 보였다.

● 다음은 짧은 신문기사들입니다. 신문기사를 읽고 물음에 답하세요.

기사 1

WHO, 결핵 없애기 위해 더 노력할 것

결핵은 건강적 측면뿐만 아니라 사회적 측면에서도 적극 대처해야

세계보건기구(WHO)가 3월 24일 세계 결핵의 날(World Tuberculosis day)를 맞아 새로운 20년 계획을 발표했다. WHO는 "최근 수년 간 결핵과의 전쟁에서 3700만 명의 생명을 구했다"며 이제까지의 성과를 정리했다. 하지만 "2013년 통계에서는 900만 명이 결핵에 감염된 환자로 나타났고, 아직 매년 150만 명이 결핵으로 사망하고 있다"며 결핵을 없애기 위한 노력이 더 필요하다고 강조했다. 결핵은 고소득 국가에서는 잠잠해지고 있는 질병이나 저소득 국가에서는 확산되는 경향을 보이고 있다. 특히 결핵이 가정의 경제적 수입을 50%까지 격감시킬 수 있는 만큼 저소득 국가 가정에는 치명적이다. 따라서 건강적 측면뿐만 아니라 사회적 측면에서도 적극적으로 대처해야 한다고 주장했다.

WHO는 결핵을 없애기 위해 향후 5년 간 결핵 환자 및 환자의 가족에게 소요되는 천문학적 비용의 감축을 우선 과제로 꼽았다. 이를 위해 환자 및 환자 가족들의 의료접근성 강화와 의료 및 비의료 비용과 가계수입 감소를 최소화시킬 수 있는 전략을 마련하기로 했다.

기사 2

유니세프, 깔깔 바깥놀이 잔치 ? 신나게, 더 신 나게, 나가서 놀자!

모든 어린이는 신나게 놀 권리가 있어

유니세프한국위원회는 서울시와 함께 '유니세프 깔깔 바깥놀이 잔치-신나게 더 신나게, 나가서 놀자!'를 개최한다고 14일 밝혔다. 이번 행사는 19일 오후 1시부터 5시까지 서울 보라매공원에서 열린다.

한국의 어린이들을 대상으로 설문조사를 한 결과 '놀이와 여가가 자신의 권리'인 것을 모르는 어린이가 50.4%에 달했고, 현재의 놀이와 여가에 불만족을 느끼는 어린이의 경우, 학업 부담(25%)과 부족한 시간(21%), 부모님의 이해 부족(18%) 등을 가장 큰 이유로 꼽았다. 대부분의 한국 어린이들이 과도한 학업 스트레스 때문에 놀이와 여가를 충분히 누리지 못하는 셈이다.

한편 유엔아동권리위원회는 한국 교육의 극심한 경쟁을 우려하며 어린이의 놀 권리를 증진할 것을 한국 정부에 권고했다. 유니세프한국위원회는 '모든 어린이는 충분히 쉬고 놀 권리가 있다'는 유엔아동권리협약 31조에 따라 2014년부터 한국 어린이들의 놀 권리 증진 캠페인을 펼치고 있다.

기사 3

우리나라 '일하는 엄마', OECD 국가 중 뒤에서 3번째

자녀가 어릴수록 일하지 않는 엄마가 많아

우리나라 엄마들 중 '워킹맘'은 얼마나 될까. 6세 이하의 미취학 자녀를 둔 엄마들은 10명 중 3명만이 일과 육아를 양립하고 있는 것으로 나타났다. 초 · 중생 자녀가 있는 엄마들은 10명 중 5명이 직장을 다니고 있었다. 한국노동연구원은 우리나라 기혼 여성의 고용률이 경제협력개발기구(OECD) 주요 회원국과 비교하면 절반에도 미치지 못하는 수준이라고 밝혔다. 워킹맘의 비율은 자녀가 어릴수록 더 낮았다. 2013년 OECD 자료에 따르면 우리나라는 가정에서 가장 어린 자녀를 기준으로 0~2세 자녀를 둔 엄마의 32.4%만이 일을 하고 있었고, 3~5세 자녀가 있는 여성의 35.8%, 6~14세 자녀를 둔 경우에는 55.8%의 여성이 경제활동을 하는 것으로 조사됐다. 이는 OECD 27개 회원국 가운데 헝가리(11.7%), 체코(20.0%)에 이어 세 번째로 낮은 수준이다. 0~2세 자녀를 기준으로 덴마크, 네덜란드 등 선진국의 기혼 여성 고용률이 70%를 넘는 것과 대비된다. 6~14세 자녀를 둔 경우 대부분의 OECD 회원국에서는 기혼여성 고용률이 70~80%를 유지했으나 우리나라는 55.8%였다.

새단어

감염	잠잠해지다	확산되다	격감	대처하다	향후
소요되다	천문학적	감축	강화	개최하다	달하다
과도하다	학업	누리다	극심하다	증진하다	권고하다
미취학	양립하다	미치다	대비되다		

1. 위 내용과 일치하지 않는 것을 고르세요.

□ 결핵을 퇴치하기 위해 여러 해 노력한 결과 상당한 성과가 있었다.

□ 결핵을 퇴치하기 위해서는 경제적인 지원이 가장 절실하다.

□ 한국의 어린이들은 공부하느라 놀 권리를 제대로 누리지 못하고 있다.

□ 한국은 자녀가 어릴수록 여성이 일을 하는 것이 어렵다.

□ 한국의 결혼한 여성들의 취업률은 OECD 국가의 1/3 수준이다.

2. 〈기사 1〉에서 WHO가 결핵을 사회적 측면에서 대처해야 한다고 주장한 근거가 무엇입니까?

3. 〈기사2〉에서 서울시가 개최하는 행사는 무엇입니까? 그 행사를 마련한 취지는 무엇입니까?

4. 〈기사3〉의 내용을 그래프로 나타낸 것입니다. 빈칸을 채우세요.

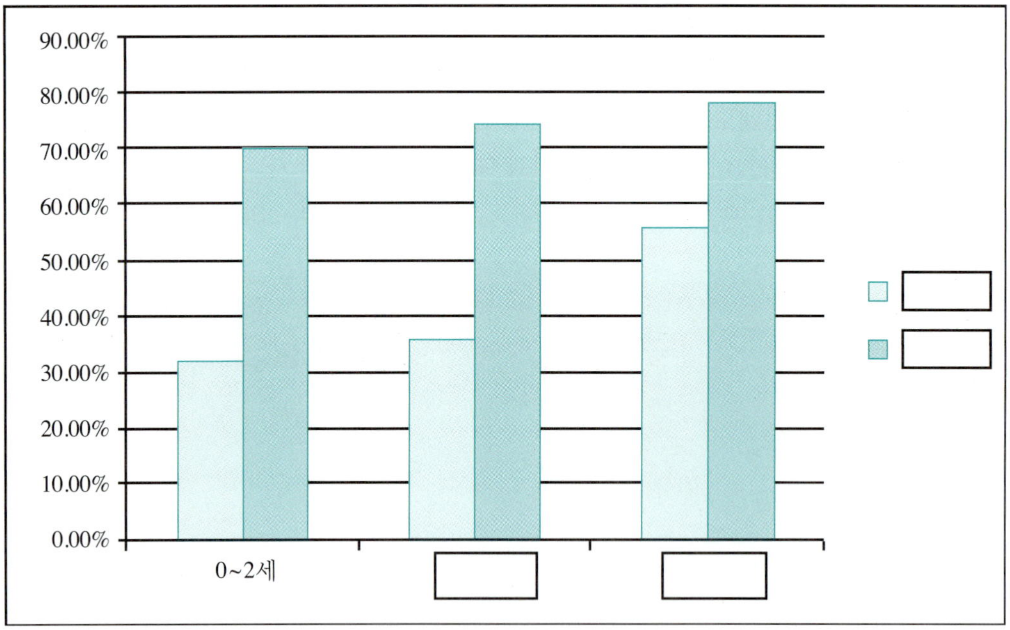

의사소통활동

● 학교 신문에 기사를 쓰려고 합니다. 기사를 쓰기 위해 준비를 해 보세요.

1. 무엇에 관해서 쓸 것인가?

2. 기사 제목을 무엇으로 할 것인가?

3. 무슨 내용을 쓸 것인가?

4. 누구를 인터뷰할 것인가? 무슨 질문을 할 것인가?

5. 객관적인 기사를 쓰기 위해서 무엇을 더 조사해야 할 것인가?

● 앞에서 준비한 것을 바탕으로 신문기사를 작성해서 발표해 보세요.

년 월 일

문형

Ⅰ -을 법하다

동사 뒤에 붙어 어떤 상황이나 사실이 그럴 만하거나 그럴 만한 이유가 있다고 판단할 때 사용한다.

- 화가 날 법한데, 화를 내지 않는다.
- 오늘은 눈이 내릴 법한 날씨다.
- 네 말을 들으니까 그럴 법하네.
- 소설은 현실 세계에 있을 법한 이야기를 꾸며서 쓴 글이다.
- 이틀 밤을 새웠으니 병이 날 법도 하다.

● '-을 법하다' 문법을 사용해서 이야기해 보세요.

(1) 친구들이 속을 법한 이야기를 하나 만들어 보세요.
친구가 한 이야기를 듣고 그럴 법한지 아닌지 말해 보세요.

(2) 여러분이 들은 소문 중에서 사실일 법한 소문이 있습니까?

(3) 선생님이 좋아할 법한 일은 무엇입니까? 또 싫어할 법한 일은 무엇입니까?

(4) 여러분 나라 사람들 입맛에 맞을 법한 한국음식은 무엇입니까?

2 -ㄴ/는다고요

자신의 말을 되풀이하거나 다른 사람의 말을 확인하거나 따져 물을 때 사용한다.

평서문일 때 '동사-ㄴ/는다고요, 형용사-다고요'를 사용하고, 의문문일 때 동사/형용사-냐고요', 청유문일 때 '동사-자고요', 명령문일 때 '동사-(으)라고요'를 사용한다.

1. 자신의 말을 되풀이하거나 생각을 강조할 때

가: 밖에 비가 와요.
나: 네? 뭐라고요?
가: 밖에 비가 온다고요.

가: 오늘은 왠지 공부하기 싫어.
나: 뭐라고? 못 들었어.
가: 오늘은 왠지 공부하기 싫다고.

2. 다른 사람의 말을 확인하거나 따져 물을 때 사용한다.

가: 밖에 비가 와요.
나: 네? 밖에 비가 온다고요?

가: 배고파요.
나: 네? 배고프다고요?
조금 전에 피자 한 판 다 먹었잖아요.

● 선생님이 하는 말을 듣고, '-ㄴ/는다고요' 문법을 이용해서 말해 보세요.

보기 오늘 수업은 여기까지입니다.
내일은 시험이 있습니다.

3 -을래야 -을 수 없다

'~으려고 해도 ~을 수 없다'의 줄임말이다. '-으려야 -을 수 없다'와 바꾸어 쓸 수 있다.

- 가: 두 사람이 정말 가까운 사이처럼 보여요.
  나: 네, 두 사람은 이제는 뗄래야(떼려야) 뗄 수 없는 사이가 됐어요.
- 그런 행동은 도저히 용서할래야(용서하려야) 용서할 수 없는 짓이다.
- 너무 화가 나서 도저히 참을래야(참으려야) 참을 수가 없었어요.
- 그 사람은 발이 빨라서 쫓아갈래야(쫓아가려야) 쫓아갈 수가 없어요.
- 친구들과 함께 한 이번 여행은 잊을래야(잊으려야) 잊을 수 없는 소중한 추억으로 남을 것이다.

● 친구들과 이야기해 보세요.

(1) 미워할래야 미워할 수 없는 사람이 있어요?

(2) 친구와 약속을 했는데, 내가 1시간이나 늦었어요. 친구가 화가 난 것 같아요.
어떻게 하면 친구가 화를 낼래야 낼 수 없게 할 수 있을까요?

(3) 돈이 5만 원 필요해요. 친구에게 돈을 빌리고 싶어요.
친구가 돈을 안 빌려줄래야 안 빌려줄 수 없게 할 수 있는 방법이 있어요?

(4) 어떤 광고를 보면 물건을 안 살래야 안 살 수가 없어요?

12 취업과 면접

말하기

면접시험 준비하기

읽기

면접 보기 전에 체크해야 할 원칙 /
성공을 위해 면접관의 마음을 읽는 법

문형

-어 내다 / -고 보니까 / -긴 다 틀렸다

말하기

- 여러분은 면접을 본 적이 있습니까? 면접을 보기 전에 무엇을 준비했습니까?

- 면접의 결과는 어땠습니까?

- 여러분이 면접관이라면 어떤 사람에게 높은 점수를 주고 싶습니까?

듣기

- 면접에 관한 대화를 듣고 다음 질문에 답하세요.

1. 다음 빈칸을 채우세요.

(1) 면접 ______________________________ ?

(2) 말이 _______________ 된다고 했어.

(3) 너도 ______________________________ 내가 긴장하면 말 더듬잖아.

2. 어제 링링의 면접은 어땠습니까?

3. 다음 중 맞는 것을 고르세요.

(1) 링링은 목소리가 작아서 면접에서 떨어졌다. ☐

(2) 링링은 면접 준비를 하지 않아서 대답을 잘 못했다. ☐

(3) 교수님은 링링에게 왜 한국에 왔느냐고 질문을 했다. ☐

(4) 면접에서 나온 질문들은 다 어려운 질문들이었다. ☐

(5) 링링은 다음 주에 그 학교 2차 면접이 있다. ☐

Track 13

대화

유리　링링! 어제 한국대학교 면접 봤지?

링링　으응.

유리　근데 왜 이렇게 목소리에 힘이 없어. 면접 끝나고 보니까 후회돼?

링링　합격하긴 다 틀렸어.

유리　말이 씨가 된다고 했어. 좋은 쪽으로 생각해.

링링　면접에서 할 말을 밤을 새우다시피 해서 준비했는데, 교수님들 얼굴을 보자마자 머릿속이 하얘지는 거야. 너도 알다시피 내가 긴장하면 말더듬잖아. 다 대답해 냈어야 했는데…….

유리　교수님들께서 어떤 것들을 물어보셨는데?

링링　왜 우리 학교에 지원했느냐, 우리 과에서 앞으로 무엇을 공부할 거냐, 우리 과를 졸업한 후에 진로는 어떻게 할거냐……. 뭐 그런 질문들이었어.

유리　별로 특별한 건 없는 질문들이네.

링링　그러니까 더 문제지. 그런 평이한 질문들을 하셨는데 내가 버벅댔으니까.

유리　어제 면접은 잊어버리고, 다음 주에 있는 숙명대학교 면접준비나 하는 게 어때?

링링　안 그래도 나도 그러려고. 다음 주에는 꼭 긴장감과 싸워서 이겨내고야 말겠어.

유리　그래 힘내! 파이팅!

● '말이 씨가 된다'는 무슨 뜻일까요? 추측해서 이야기해 보고, 언제 이 표현을 사용할 수 있을지 말해 보세요.

마이클: 내일이 소풍인데, 비가 오면 어쩌지요?

미키　: 말이 씨가 된다고 했어요. 그런 말 하지 마세요.

(다음 날 비가 와서 소풍이 취소되었다)

미키　: 아무래도 마이클 씨 때문인 것 같아요.

새단어

면접
씨(말이 씨가 되다)
머릿속이 하얘지다
(말을) 더듬다
진로
평이하다
버벅대다

어휘 확장

● 다음은 면접과 관계 있는 말입니다. 다음 용어가 무슨 뜻인지 연결해 보세요.

(1) 예상 질문 •	• 모자라거나 부족한 점을 채워 넣어서 완전하게 할 점
(2) 이미지 •	• 어느 곳에 지원한 이유
(3) 전망 •	• 면접을 담당하는 사람
(4) 지원 동기 •	• 어느 곳에 지원한 사람
(5) 면접관 •	• 어떤 사람이나 사물에게서 받은 느낌
(6) 지원자 •	• 미래를 내다볼 때 보이는 장래의 상황
(7) 능력 소개 •	• 미리 생각해 둔 질문
(8) 보완점 •	• 다른 사람과 구별되는 고유의 특성
(9) 개성 •	• 일을 감당할 만한 힘을 소개하는 것

● 면접 때 자주 나오는 질문과 답변

1. "-에 지원한 동기가 무엇입니까?"

가: 이 회사에 지원한 동기가 무엇입니까?

나: 귀사의 사원에 대한 복지 정책이나 경영 철학이 제 마음에 와 닿았기 때문에 귀사에서 일하고자 지원했습니다.

여러분은 어떻게 대답하겠습니까?

2. "어떤 분야에서 일하고 싶습니까?"

가: 어떤 분야에서 일하고 싶습니까?

나: 저는 대학교에서 IT쪽으로 전공하고 보니까 귀사는 이 방면에서 타 회사와 비교할 수 없을 만큼 탁월하다는 사실을 알게 되었습니다. 만약 저를 뽑아 주신다면 꼭 이 분야에서 일하고 싶습니다.

여러분은 어떻게 대답하겠습니까?

____

____

3. "-에 대해서 평가해 주세요. 장단점을 분석해 보세요."

가: 오징어구이 과자에 대해서 평가해 주세요.

나: 오징어구이의 경우 귀사가 창사되었을 때부터 꾸준히 사람들의 사랑을 받아온 과자입니다. 그 이유는 맛이 한국 사람들이 선호하는 짭짤한 맛과 매운 맛을 적절하게 배합했기 때문이라고 생각합니다. 하지만 신세대의 입맛은 더 자극적이고 달콤한 맛을 선호하는 경향이 있는데 그것은 경쟁사의 '초콜릿 오징어구이' 의 판매량을 봐도 알 수 있습니다. 그러므로 기존의 오징어구이 맛의 자매품인 단맛을 추가한 달콤한 오징어구이 맛을 개발하는 것이 필요할 것으로 보입니다.

여러분은 어떻게 말하겠습니까?

가: ______________ 에 대해서 평가해 주세요.

나: ______________________________

____

4. "이 산업의 전망이 어떻겠습니까?"

가: 한국어 교육의 전망이 어떻겠습니까?

나: 한국의 경제적 발전과 더불어 한국어 교육은 발전해 왔다고 생각합니다. 물론 세계적으로 각국이 경제면에서 어려움을 겪고 있지만 예부터 이러한 어려움을 딛고 일어선 후에 더더욱 발전해 온 것을 역사를 통해 알 수 있습니다. 그러므로 한국도 앞으로 경제적으로나 문화적으로나 발전할 것이고, 그와 더불어 한국어 교육의 전망도 밝다고 생각합니다.

여러분은 어떻게 말하겠습니까?

가: ______________________________ 의 전망이 어떻겠습니까?

나: ____

____

읽기 I

- 면접에서 준비해야 할 것이 무엇입니까?
- 면접을 봐야 하는 상황에는 어떤 것이 있을까요?
- 다음 상황에서 면접을 볼 때 조심하거나 준비해야 할 것은 무엇일까요?

☐ 진학

____

추가 사항 ______________________________

☐ 취업

____

추가 사항 ______________________________

☐ 승진

____

추가 사항 ______________________________

- 다음 면접 상황과 관련된 내용입니다. 밑줄 친 단어에 유의하며 여러분 생각에 옳으면 ○, 그렇지 않으면 × 해 보세요.

(1) 면접관의 질문에 <u>일관성</u> 있게 대답한다. ☐

(2) 면접 시 <u>회사 연혁</u>에 대한 지식은 필요하지 않다. ☐

(3) 밝은 표정과 <u>유연한</u> 몸은 면접관에게 좋은 인상을 준다. ☐

(4) 예상하지 못한 질문에도 당황하지 않고 자신있게 <u>대처한다</u>. ☐

(5) 외국어 실력을 보여 주기 위하여 다양한 언어를 <u>구사하여</u> 답한다. ☐

새단어

숙지하다	이념	연혁	대표자	민감하다
호명되다	단정하다	구사하다	일관성	유연하다

● 글을 읽고 다음 물음에 답하세요.

면접 보기 전 알아 두어야 할 것들

면접을 보기 전에 숙지해야 할 사항으로는 외적인 것과 내적인 것이 있다. 우선 답변을 잘 할 수 있도록 편안한 마음가짐이 필요하다. 마음의 안정감과 맑은 정신을 유지하기 위해 전날 충분한 휴식을 취하는 것이 무엇보다 중요하다. 그리고 답변을 성실하게 하기 위해서 지원 회사에 대한 정보를 꼼꼼히 정리하여 기억해야 한다. 회사의 경영 이념, 회사 연혁, 대표자 성명뿐만 아니라 대표 상품에 대한 정보도 준비해야 한다. 그날의 신문을 읽어두는 것도 좋다. 빠르게 변하는 정세에 민감하게 대처할 수 있음을 면접관에게 보여 줄 수 있기 때문이다.

외적인 사항으로는 자세와 언어를 들 수 있다. 깔끔하고 단정한 옷차림을 하고 자신의 이름이 호명되었을 때 면접실로 들어가 예의바르게 인사를 한 후 앉는다. 면접관이 질문을 하면 밝은 모습으로 표준어를 구사하고 자신감 있게 대답해야 한다. 자신의 의사가 무엇인지 잘 드러나도록 분명하게 이야기하며 일관성 있게 말해야 한다. 면접실에서 나갈 때는 대답에 실수가 있었더라도 당당하고 씩씩하게 퇴실해야 한다. 마지막까지 최선을 다하는 모습과 여러 상황에서 유연하게 대처하는 자세도 평가 대상이 되기 때문이다.

1. 위 내용과 다른 것은 무엇입니까?

☐ 깨끗하고 단정한 옷을 준비하는 것이 좋다.

☐ 면접 전날에 좋은 컨디션을 유지하는 것이 중요하다.

☐ 지원한 회사에 대해 너무 자세히 정리할 필요는 없다.

2. 면접 시험 전에 미리 알아 봐야 할 것에는 어떤 것들이 있습니까?

3. 면접 당일 면접 장소에 가서는 어떻게 해야 합니까?

(1) 면접장에 들어갈 때: ______________________________

(2) 질문에 대답할 때: ______________________________

(3) 면접실에서 나갈 때: ______________________________

읽기 II

● 기업에서 선호하는 인재는 어떤 사람일까요? 다음 질문에 답해보고 글을 읽어 보세요.

1. 여러분 나라의 취업 상황은 어떻습니까?

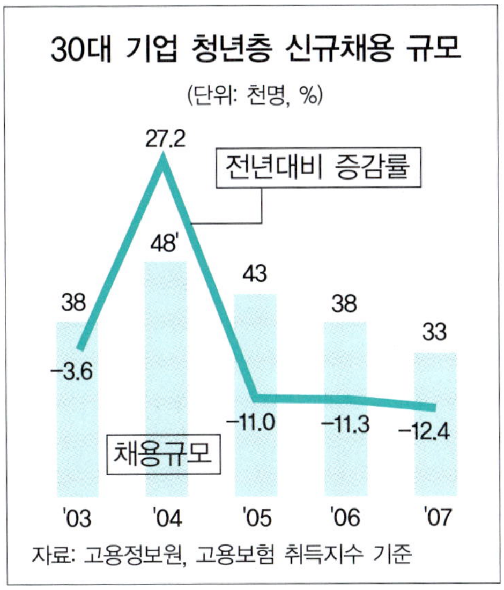

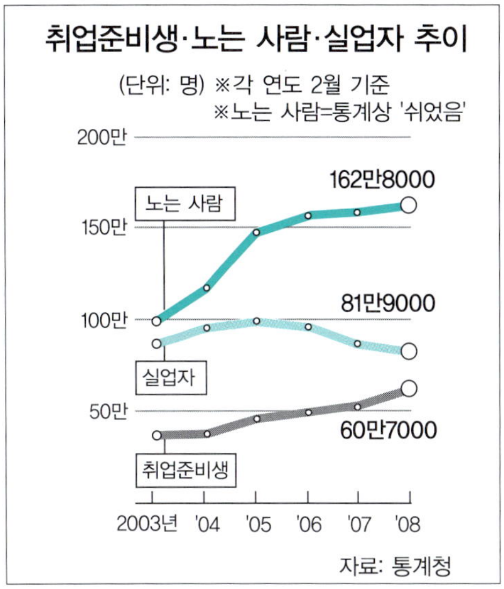

기업의 채용 규모와 취업준비생

2. 회사에서 채용하고 싶어 하는 사람은 어떤 사람일까요? 여러분이 CEO라면 어떤 사람을 채용하겠습니까?

채용 시 인근 거주자 선호 이유

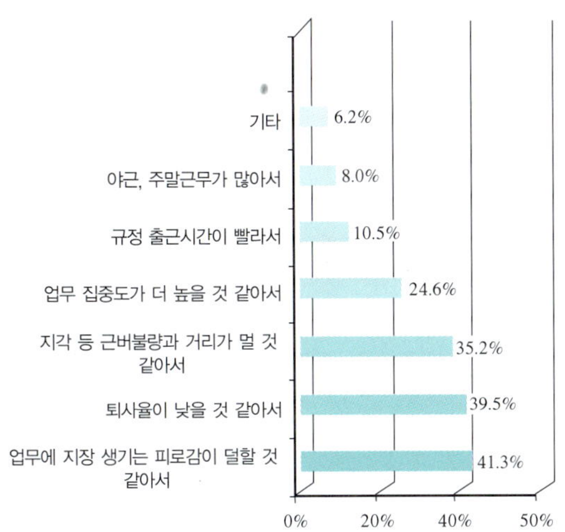

신입 대신 경력을 채용한 이유

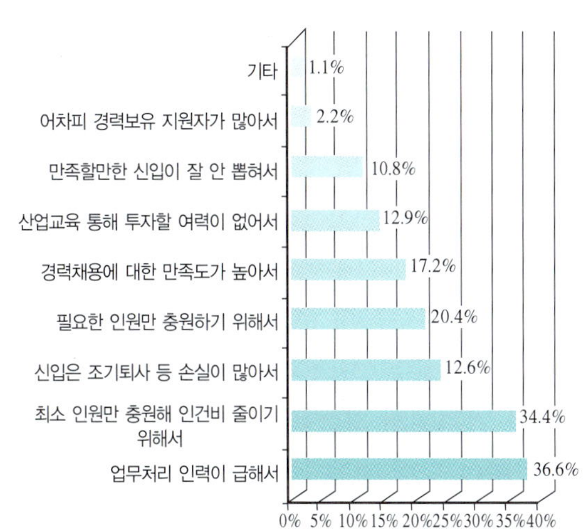

기업 채용 시 선호하는 사항

● 다음 단어들의 의미를 알맞게 연결해 보세요.

(1) 언급하다 •	• 검사 , 시험 등에서 인정되거나 합격하다.
(2) 통과하다 •	• 기술이나 방법, 또는 물자 등이 끌려 들어가다.
(3) 도입되다 •	• 부족한 것을 보충하다.
(4) 보완하다 •	• 어떤 문제에 대하여 말하다.
(5) 조정하다 •	• 세력이나 힘을 더 튼튼하고 강하게 하다.
(6) 강화하다 •	• 어떤 기준이나 실정에 맞게 정돈하다.

● 글을 읽고 다음 물음에 답하세요.

기업은 실무형 인재를 선호해

요즘 기업에서는 학벌이나 점수보다는 실무 경험이 있는 인재를 선호하고 있다. 지방대 졸업자 선발 비율을 확대하고, 면접 비중도 확대하고 있다. 그리고 영어 기준 점수도 하향 조정하고 있는 추세이다.

2000년대 초반에는 신입사원의 절반 이상이 수도권에 있는 우수한 대학 졸업자였다. 그러나 요즘 실무형 인재를 뽑기 위해 이력서를 보지 않고 지원자를 평가하는 '블라인드 면접' 이 도입되고 있다. 또한 지역 사정을 잘 아는 지방대 출신으로 신입사원의 일정 부분을 채우기도 한다. ○○전자 관계자는 "학벌이나 점수보다 지원자의 전공 역량과 인성을 더 중요하게 본다."고 말했다. ○○ 주식회사에서는 지방 사업장에 인재를 채용할 때 해당 지역 출신 지원자를 우대하고 있다.

전형 방법도 면접 위주로 바뀌고 있다. 지원자의 실무 능력을 세밀히 측정하기 위해 면접을 확대하고 있다. 모 기업에서는 면접 시간을 60분에서 160분으로 늘렸으며 100여 명의 대학 교수로 이루어진 면접단도 구성하였다. 회사 관계자는 "문제 해결 능력과 창의력을 갖춘 인재를 뽑기 위해 면접을 강화했다"고 언급했다. ○○ 백화점에서는 인턴십을 통과한 지원자만을 신입사원으로 채용한다.

영어 능력을 평가하기 위한 토익(TOEIC) 점수 기준은 내려가는 추세이다. ○○ 통신회사는 올해부터 지원자들의 토익 점수 기준을 750점에서 600 이상으로 하향 조정했다. ○○ 은행, ○○ 그룹도 토익 점수를 낮추고 있다.

이렇듯 기업이 실무형 인재를 찾고 있으므로 취업을 준비하는 사람들은 이에 발맞춰 현재 채용 기준에 맞도록 꼼꼼히 준비할 필요가 있다. 먼저 영어회화 능력을 키우는 것도 한 방법이 될 수 있다. 원어민 수준은 아니어도 면접 시 답변할 수 있어야 할 것이다. 그리고 사회봉사 경험도 필수이다. 봉사 기관에서 경험을 쌓거나 봉사 프로그램을 직접 기획하는 것도 취업에 유리하다. 심층 면접에 대비하여 모의 면접, 이미지 컨설팅, 취업 캠프에 관심을 갖는 것도 좋다. 빠르게 변하는 채용 기준에 대비하는 마음으로 공모전 입상이나 인턴 경험으로 경력을 보완하는 것도 필요하다.

1. 위 내용과 다른 것은 무엇입니까?

☐ 요즘 기업에서는 현장에서의 일처리 능력을 중요하게 생각하고 있다.

☐ 학점, 언어 시험 점수, 자격증 등도 준비해야 한다.

☐ 요즘 사회에서 요구하는 인재형을 꼼꼼히 살펴 준비해야 한다.

2. '블라인드 면접' 이란 어떤 면접을 말합니까?

3. 기업의 채용 방향 세 가지를 찾아 보세요.

(1) ______________________________

(2) ______________________________

(3) ______________________________

4. 면접을 강화한 예로 들 수 있는 것은?

5. 여러분 나라의 채용 방향, 채용 기준은 어떻습니까? 그리고 과거와 어떻게 달라졌습니까?

	현재	과거
채용 방향		
채용 기준		
과거와 다른 점		

새단어

학벌	실무 경험	인재	확대하다	비중	하향 조정하다
추세	우수하다	도입되다	역량	우대하다	세밀히
측정하다	구성하다	강화하다	언급하다	통과하다	발맞추다
원어민	답변하다	기획하다	유리하다	심층	모의 면접
공모전	입상하다	보완하다			

의사소통활동

1. 여러분이 취업을 한다면 어떤 회사에 지원하고 싶습니까? 그 회사에 대한 정보를 찾아 보세요.

질문	답변
회사의 업종과 대표적 제품은 무엇입니까?	
회사의 전망은 어떻습니까?	
그 회사에 지원한 동기가 무엇이고 어떤 분야에서 일하고 싶습니까?	

2. 여러분이 취업하고 싶은 회사에 대해 친구들 앞에서 발표해 보세요.

3. 여러분은 면접 시험을 본 적이 있습니까? 어디에 지원해서 면접 시험을 봤습니까? 어떤 질문을 받았습니까?

- 면접 시험 경험 유무:
- 언제 :
- 지원한 곳:
- 받은 질문:
  1.
  2.
  3.

4. 여러분이 취업하고 싶은 회사는 어디입니까? 어떤 회사입니까? 그 회사의 대표적인 제품은 무엇입니까?

- 취업 희망 회사:
- 하는 일:
- 대표적인 제품:
- 그 회사에 지원하고 싶은 이유:
  1.
  2.
  3.

5. 여러분이 면접관이 되어서 친구들에게 질문해 보세요. 어떤 질문을 하겠습니까? 먼저 예상 질문을 만들어보고 친구의 대답에 대해 이야기해 보세요.

- 예상 질문:
  1.
  2.
  3.
- 친구의 대답:
  1.
  2.
  3.
- 대답에 대한 평가

● 면접관은 면접평가표를 작성해 보세요.

	면접 평가표	작 성 자	
		작성일자	20 . . .

면접일자	년 월 일	면 접 자	(인)	수험자성명	
수험번호		최종학력	남/여	출신학교	

구분	체크	외모/태도/언어 특징 기술	평가 및 척도					
			평가	A	B	C	D	E
외적 특징			용모복장					
			태도					
			표정					
			목소리					
			속도					
			표현력					

구분	체크	질 문 사 항	답변	평가 및 척도					
				평가	A	B	C	D	E
내적 특징		요즘 사회 문제에 대한 본인의 견해는?		논리력					
		오늘 회사에 도착한 시간은? 바람직한 근무 태도는 무엇이라고 생각하는가?		성실성					
		좋아하는 인간형과 싫어하는 인간형은?		사회성					
		상사와 의견이 다를 때 어떻게 극복하겠는가? 취직 문제를 누구와 상의한 적이 있는가?		협력성					
		경험한 적이 없는 일을 맡게 된다면? 신입사원다운 자세는 어떤 것인가?		적극성					
		알고 있는 유머, 재미있는 이야기는? 자신의 개성은?		독창성					
		3분간 자기소개를 하거나 인생관에 대해 말해 보세요. 자신이 잘하는 것은?		자신감					

총평	

결과	합격		보류		불합격	

문형

1 '-아/어/여 내다'

어떤 일이 끝내 이루어짐을 나타낼 때 쓰는 표현이다.

- 애리는 그 어려운 책을 끝까지 잘 읽어냈다.
- 수많은 엄마들은 출산의 고통을 참아내고 새 생명을 안는다.
- 아무리 힘들어도 끝까지 잘 견뎌내야 한다.
- 늦게 일어났지만 일어나자마자 막 뛰어가서 겨우 제시간에 시험을 치러냈다.

● 위 문형을 이용해서 대화를 완성해 보세요.

(1) 가: 그 뉴스 굉장히 어렵던데 잘 이해할 수 있겠어?

나: ________________________________.

(2) 가: 이 그림은 어떤가요? 무엇을 표현한 건가요?

나: ________________________________.

(3) 가: 이 시험은 2박 3일 동안 보는 건가요?

나: 네, ________________________________.

2 '-고 보니까'

어떤 일이 일어나기 전에는 몰랐는데 그 이후 또는 그 결과로 어떤 내용을 알게 되었을 때 쓰는 표현이다.

- 처음에는 그 사람이 이상하다고 생각했는데 이야기를 듣고 보니까 그 사람을 이해할 수 있게 되었다.
- 꽃을 그리려고 했는데 다 그리고 보니까 빵처럼 보인다.
- 일단 그 사람을 만나고 보니까 좋은 사람이라는 것을 알 수 있었다.
- 한국어를 공부하고 보니까 한국 사람들의 생각을 이해할 수 있게 되었다.
- 규칙적으로 운동을 하고 보니까 나도 모르게 매우 건강하게 되었다.

● 위 문형을 이용해서 대화를 완성해 보세요.

(1) 가: 그 뉴스 굉장히 어렵던데 잘 이해할 수 있겠어?

나: ______________________________.

(2) 가: 어떻게 이렇게 어려운 시험에 합격하게 되었나요?

나: ______________________________.

(3) 가: 이게 나무를 그린 거야? 꽃 같은데?

나: ______________________________.

3 '-긴 다 틀렸다'

어떤 일이 가망성이 거의 없어 보일 때 쓸 수 있는 표현이다.

- 입학시험에 떨어진 것 같아. 이제 입학하긴 다 틀렸어.
- 자꾸 다른 사람들이 방해해서 그녀와 이어지긴 다 틀렸어요.
- 너무 늦게 일어나서 시간 안에 기차 타긴 다 틀렸다.
- 공부를 하나도 안 해서 합격하긴 틀렸다.
- 면접 시험에서 너무 떨어서 대답을 잘 못했어. 그 회사에 취직하긴 틀렸어.

● 위 문형을 이용해서 대화를 완성해 보세요.

(1) 가: 빨리 서두르면 제시간에 갈 수 있을 거야.

나: 아니야, ______________________________.

(2) 가: 내일까지 공부를 다 끝낼 수 있겠지?

나: 천만에. ______________________________.

(3) 가: 오늘 그 사람을 만날 수 있을까?

나: 안될걸. ______________________________.

아하! 한국어 5

A-ha! Korean

ISBN 978-89-6105-989-3
ISBN 978-89-6105-498-0 (세트)